中国汽车企业对外直接投资研究

刘 刚 / 著

吉林大学出版社

·长春·

图书在版编目（CIP）数据

中国汽车企业对外直接投资研究 / 刘刚著 . -- 长春：
吉林大学出版社，2021.4
ISBN 978-7-5692-8183-5

Ⅰ.①中… Ⅱ.①刘… Ⅲ.①汽车企业—对外投资—
直接投资—研究—中国 Ⅳ.① F426.471

中国版本图书馆 CIP 数据核字 (2021) 第 071669 号

书　　名	中国汽车企业对外直接投资研究
	ZHONGGUO QICHE QIYE DUIWAI ZHIJIE TOUZI YANJIU
作　　者	刘　刚著
策划编辑	孙　琳
责任编辑	田　娜
责任校对	单海霞
装帧设计	昌信图文
出版发行	吉林大学出版社
社　　址	长春市人民大街 4059 号
邮政编码	130021
发行电话	0431-89580028/29/21
网　　址	http://www.jlup.com.cn
电子邮箱	jdcbs@jlu.edu.cn
印　　刷	长春市昌信电脑图文制作有限公司
开　　本	787mm×1092mm　1/16
印　　张	11.5
字　　数	160 千字
版　　次	2021 年 4 月第 1 版
印　　次	2021 年 4 月第 1 次
书　　号	ISBN 978-7-5692-8183-5
定　　价	58.00 元

前 言

随着经济全球化的日益加深，对外直接投资作为最为显著的表现形式，对促进经济全球化的发展起到重要的推动作用。在世界各国制造业竞争日益加剧的时代背景下，提升制造业国际发展水平成为我国强国发展的重要任务之一。汽车产业作为制造业的主要构成，具有对各相关产业较强的关联和带动效应，在世界各发达国家经济结构中上已成为支柱产业。我国作为拥有全球第一汽车市场的汽车大国，自我国汽车产业诞生以来，经历了从无到有、从小到大的发展历程，尤其是加入 WTO 以来，通过与国外知名企业合资合作，依托国内广阔的汽车市场，我国汽车产业更是得到前所未有的高速增长。然而，随着各大跨国合资汽车企业加快在华的产能布局，国内自主品牌也在加快扩产步伐，当前我国汽车市场增速已逐渐放缓，产能过剩的矛盾或将进一步激化。国际市场环境、国家战略导向、自身发展需求都在促进我国汽车企业探索加快"走出去"、开展对外直接投资，获取海外优质资产和先进技术，学习海外先进的经营理念和管理模式，吸收海外优秀国际化创新人才，增强我国汽车品牌的国际竞争力，这已成为我国汽车企业未来发展的重要方向。

本书从企业对外直接投资的理论研究出发，系统地梳理研究发达国家和发展中国家对外直接投资理论成果，结合我国汽车企业对外直接投资发展需要，深入分析总结国内外学者对于企业对外直接投资模式选择、区位选择、战略选择等文献成果，综合分析提炼适用于中国汽车企业对外直接投资发展的理论体系，为深入研究中国汽车企业对外直接投资实践奠定坚实的理论框架基础。

通过回顾中国汽车企业的发展历程，结合不同时间的代表特征将其划分为基础发展、全面提升、快速发展和外向探索四个阶段，与此同时，一并探讨了中国汽车企业对外直接投资的产生、探索与发展。逐项收集并系统的总结分析了国内汽车市场销量排名靠前且已开展对外直接投资中国汽车企业的对外直接投资发展实践，发现中国汽车企业在对外直接投资发展的过程中存在的共性和差异特征，如共性特征主要包括：中国汽车企业对外直接投资整体发展速度快但仍处于发展的初级阶段；中国汽车企业对外直接投资均有国际出口贸易基础，并与出口贸易存在互补关系；中国汽车企业都注重技术的获取和升级，在海外设立研发机构以支撑企业产品竞争力的持续发展；在对外直接投资方向和进度上受到国家政策导向影响效果较为明显。差异特征主要表现在：中国汽车企业对外直接投资发展主体多元和发展程度不平衡；中国汽车企业基于自身不同的相对优势，对外直接投资的模式选择和区位选择不同；中国汽车企业对外直接投资战略制定程度不同，部分企业仍以市场机会导向开展对外直接投资，缺少长期的竞争策略和发展目标。

本书结合国内外关于企业对外直接投资模式的理论与分类，梳理分析了中国汽车企业对外直接投资模式选择现状和演进轨迹，将中国汽车企业对外直接投资的基本模式区分为生产性海外投资模式和非生产性海外投资模式，进一步细分了对外直接投资模式的三个层级和八项种类，逐项分析了中国汽车企业对外直接投资各项模式的种类与特征，并构建中国汽车企业对外直接投资模式选择的层级分析框架，详细阐述了基于母国、东道国和企业三种视角区分的影响投资模式选择下的十二项关键因素。

通过对二十多年以来，中国汽车企业对外直接投资中海外设厂、跨国并购及海外研发中心的区位分布现状进行梳理，总结分析了中国汽车企业对外直接投资区位选择的主要特征。运用国际生产折衷理论（OLI范式）进行理论扩展，从所有权优势、内部化优势、区位优势以及综合优势四大维度，阐述并分析了影响中国汽车企业对外直接投资区位选择的十三项重要因素。择取了除企业自身因素外的九项因素对中国汽车企业投资重点目标区域的主要被投资国，包括亚洲、欧洲、非洲、拉丁美洲和北美洲合计17个国家的区位选择优势展开了有针对性的逐项分析。

本书较为系统的研究了中国汽车企业对外直接投资战略相关理论、发展现状、分析模型，并对中国汽车企业国际竞争力进行了综合理论分析。首先，从国家、行业和企业三个层面，分别总结分析了中国汽车产业对外直接投资战略方面的发展现状，认为当前中国汽车企业对外直接投资战略制定程度还处于初级阶段，各主要汽车企业对外直接投资战略主要以市场利益为导向，缺乏长远的战略布局和系统的科学分析。其次，在对企业战略理论分析总结的基础上，将经典企业战略理论与现代企业战略理论进行有机融合，实现二者的理论优势互补，构建了基于钻石理论的 SWOT 分析模型，对中国汽车企业国际竞争力从无法控制的机会要素维度之外的生产要素、需求条件、相关与支持性产业、企业战略、结构和竞争对手的表现、以及政府政策五大维度进行了系统的分析论证。

随着中国汽车企业对外直接投资的增长和国际环境的不断变化，研究对外直接投资风险与对策有助于促进中国汽车企业对外直接投资实现预期收益。本书在梳理研究企业对外直接投资风险分类的基础上，筛选并阐述了中国汽车企业对外直接投资风险、政府政策风险、人力资源风险和经营决策风险等关键风险，结合中国汽车企业对外直接投资中典型风险案例分析，为中国汽车企业对外直接投资的风险应对提供有益启示。

本书在综合前述分析的基础上，围绕中国汽车企业对外直接投资的模式选择、区位选择、战略选择及主要风险，从政府、行业、企业等多个角度详细阐述了对外直接投资参考原则和建议。在本书的最后，对中国汽车企业对外直接投资研究进行了总结，并对新的发展趋势下，未来研究所需要的努力方向进行了展望。

刘　刚

2020 年 10 月

目 录

第一章 引 言

1.1 研究的背景与意义

1.1.1 研究的宏观环境背景

工业革命以来,科技的不断进步推动着社会生产力的空前发展,随着新的交通运输技术、生产方式自动化、信息全球化等科技的应用,把世界各国紧密地联系在一起,促进了原材料、劳动力和资本等生产要素在全球范围内加速流动,国际分工也不断向纵深发展。世界市场体系不断扩大,世界各国经济生活逐步开始国际化并相互依赖,新技术革命已经把世界各国经济连为一体,世界经济一体化、全球化趋势进一步发展。

随着经济全球化和社会分工国际化的持续推进,跨国公司等国际组织形式迅速发展,并成为全球生产力新布局的主导。跨国公司通过对外直接投资等方式,实现发达国家和发展中国家之间按附加值高低来取舍的新的国际分工,推动世界产业转移和产业结构的升级换代,促进资源在各国各产业间的合理配置,从而带动世界经济在新态势下的发展和增长。世界各国面对以全球化为特征的新的市场环境和经营环境,纷纷树立起全球化竞争战略,逐步加入全球竞争序列之中。

2008年全球金融危机后,在世界经济再分工的形势下,为强化本国经济系统的稳定性,夯实产业基础,各国纷纷提出了新的竞争战略。其中,美国提出"再工业化"战略,以重塑制造业在国家经济中的关键地位;德国提出"工业4.0"战略,以巩固本国传统优势,并在新的科技趋势中,持续增强本国工业化竞争力；我国在中国制造业转型升级战略，立足本国发展实际，助力我国制造业快速升级转型以应对全新的全球化挑战。

事实上，我国从改革开放以来，积极参与经济全球化，提出坚持"引进来"和"走出去"相结合的战略举措。通过"引进来"，运用我国生产要素低成本优势和广大的市场潜力，吸引发达国家和地区投资和产业转移，使我国进入全球产业链的生产布局，并实现了我国的产业、产品与国际市场的对接；通过"走出去"，培育我国有国际竞争力的跨国公司，利用两个市场、两种资源，获取先进技术，优化产业结构，突破贸易壁垒，在国际分工、资源分配中争取有利地位和更多的经济权益。在我国加入世界贸易组织（World Trade Organization，简称WTO）后，与世界经济深入接轨，进一步加速自身的改革开放进程，使我国经济持续增长，经济发展成果显著，为世界经济的增长作出了突出贡献，并对世界经济政治格局产生重要影响。

2013年，我国提出建设"丝绸之路经济带"和21世纪"海上丝绸之路"（一带一路）的合作倡议。"丝绸之路经济带"涵盖东南亚经济整合、东北亚经济整合，二者融合一起通向欧洲，并形成欧亚大陆的经济整合。"21世纪海上丝绸之路"从海上联通欧、亚、非三个大陆和"丝绸之路经济带"共同形成一个海上和陆地的闭环。"一带一路"在新时期下为中国与沿线国家分享优质产能、实现经济结构再平衡和可持续发展提供更大的动力，加深同周边国家的合作和互利共赢，并最终实现我国在国际上的经济影响力向政治影响力的转换。

新的国际国内经济形势不断促进我国对外直接投资（foreign direct investment，FDI）的发展，我国对外直接投资自入世以来进入一个持续增长的历史阶段。自2013年我国对外直接投资流量首次突破千亿美元大关之后持续保持千亿美元投资规模，2019年度中国对外直接投资1 369.1亿美元，同比下降4.3%，投资规模仅次于日本（2 266.5亿美元），连续九年位列全球三大对外投资国。截至2019年末，中国对外直接投资存量达 2.2 万亿美元，全球排名第三位，次于美国（7.7 万亿美元）和荷兰（2.6 万亿美元）。中国对外直接投资全球影响力不断扩大，投资规模占全球比重连续 4 年超过一成，2019 年占 10.4%，存量占 6.4%，与上年持平。从双向投资情况来看，2019 年中国对外直接投资规模低于吸引外资 3.1%。我国对外直接投资企业分布于全球 188 个国家 (地区)，设立对外直接投资企业 4.4 万家，全球 80% 以上国家（地区）都有中国的投资，2019 年末境外企业资产总额 7.2 万亿美元。随着投资覆盖国家（地区）进一步扩大，在"一带一路"相关国家设立境外企业超过 1 万家，2019 年当年实现直接投资 186.9 亿美元，同比增长 4.5%，占同期投资总额的 13.7%；2019 年末存量 1 794.7 亿美元，占存量总额的 8.2%。2013 年至 2019 年中国对"一带一路"沿线国家累计直接投资 1 173.1 亿美元。我国对外直接投资范围覆盖国民经济所有行业类别，企业海外并购领域也较为多元，涉及金融业、采矿业、制造业、房地产业等涵盖国民经济的 18 个行业大类，超七成投资流向租赁和商务服务、制造、金融、批发和零售业四大行业。2019 年中央企业和单位对外非金融类直接投资 272.1 亿美元，同比增长 18%；地方企业 897.4 亿美元，同比下降 8.7%，占我国非金融类流量的 76.7%。截至 2019 年末，地方企业对外非金融类直接投资存量达到 7 855.5 亿美元，占我国非金融类存量的 40.4%。2019年中国境外企业的经营情况良好，超七成企业盈利或持平。[1]

1.1.2 研究的产业背景

随着新一轮工业革命的到来，世界各发达国家对本国制造业发展高度重视，而汽车产业又是制造业中的重中之重，一方面，汽车产业占各国制造业的比重较高；另一方面，汽车产业的社会分工国际化程度也在各国制造业中最高。在世界经济产业结构中，汽车产业早已成为各主要

[1] 中华人民共和国商务部 . 商务部等部门联合发布《2019 年度中国对外直接投资统计公报》[EB/OL].http://www.mofcom.gov.cn/article/ae/ai/202009/20200903001231.shtml，2020-09-16.

发达国家的支柱产业，当前世界经济强国也都是汽车工业大国，如美、日、德、法、英等发达国家，其汽车工业产值占国民经济总产值比例均达 10% 以上。

汽车产业具有较强的关联效应，可有效协同上下游产业的发展，如汽车产业的发展可带动钢铁、橡胶、石化、电子、机械、玻璃等直接相关产业，并衍生延伸到维修服务业、银行业、保险业、交通运输业等汽车后市场行业，可集聚较大的生产规模和市场规模，提供众多的就业岗位，并创造出高额的产值、利润和税收。汽车产业对国民经济或区域经济具有巨大的促进效果，对经济的发展和社会的进步产生巨大的作用和深远的影响。

我国作为后发展起来的汽车大国，自 1953 年第一汽车制造厂成立标志着我国汽车产业的开端以来，经历了从无到有、从小到大的发展历程。尤其是加入 WTO 之后，通过与国外知名企业合资合作，依托国内广阔的汽车市场，我国汽车产业更是得到前所未有的高速增长。2019 年我国汽车生产 2 572.1 万辆，销售 2 576.9 万辆，同比分别下降 7.5% 和 8.2%，产销量继续蝉联全球第一。[1] 截至 2019 年末，我国已经连续十一年成为全世界最大的汽车市场。

然而，虽然我国汽车产业的国际地位得到不断提升，但相较国外发达国家的汽车产业，更多的还停留在产销数量上的提升，在技术和质量上仍存在一定差距，在对外出口量等国际竞争方面尚不及印度等发展中国家。此外，我国汽车产业发展过度依靠国外合资合作，当前汽车整车合资企业超过 100 余家，加之国外进口车辆挤占国内市场，内资汽车企业的发展受到严重抑制。嘉之道汽车发布的《2016 年中国汽车产业投融资白皮书》显示，我国汽车产能利用率行业平均度只有 70%，部分品牌甚至低至 20%~30%，国内汽车产能结构分化问题显现。当前在我国汽车

---

[1] 中国汽车工业协会行业信息部 .2019 年汽车工业经济运行情况 [EB/OL]. http://www.caam.org.cn/chn/4/cate_39/con_5228367.html，2020-01-13.

市场增速逐渐放缓的情况下，各大跨国车企仍加快在华的产能布局，国内自主品牌也在加快扩产步伐，产能过剩的矛盾或将进一步激化。国内汽车企业缺乏有效的自主创新能力培育机制，技术研发能力较弱，所以提高国内汽车产业国际市场竞争力已迫在眉睫。

2015 年，国务院部署全面推进实施制造强国战略任务，其中明确了作为制造业支柱产业的汽车产业将不再以扩产能和上规模作为首要发展目标，而是将工作重心放在打造核心竞争力、提高国际化水平、引领产业升级和自主创新能力方面。基于建设制造强国的战略部署，2017 年 4 月，工业和信息化部、国家发展改革委、科技部联合发布《汽车产业中长期发展规划》，确定了"力争经过十年持续努力，迈入世界汽车强国行列"的总目标，核心要义就是要做大做强中国品牌汽车，培育具有国际竞争力的企业集团。

1.1.3 研究的现实意义

中国近十年对外直接投资的迅速发展，正逐渐成为世界经济舞台的焦点，然而当前学术界的主流对外直接投资理论，仍为起源于 20 世纪 60 年代的垄断优势理论、产品生命周期理论、内部化理论、国际生产折中理论及 20 世纪 80 年代以来的小规模技术理论、技术地方化理论等，均为在当时的时代背景下，学者基于对跨国企业对外直接投资行为分析，从产业组织学说、国际贸易理论等延伸研究输出的成果。现阶段国内外学者对我国企业对外直接投资的研究尚处于起步阶段，尚未输出较为系统的研究专著或研究报告，且研究范围也是基于各行业企业对外直接投资的研究，对我国汽车企业对外直接投资研究且有价值的研究成果就更是凤毛麟角。

在国际国内不断更迭的新产业发展背景下，中国汽车企业加快走出去，开展对外直接投资，获取海外优质资产、先进技术，吸取海外先进的经营理念和管理模式，吸收海外优秀国际化创新人才，是落实国家战略部署和做大做强中国品牌汽车的重要举措，并将成为未来一段时间内产业发展的主要方向。

基于上述内容，本书关于中国汽车企业对外直接投资进行研究，以期为中国汽车企业的长期可持续发展提供有效的参考和借鉴价值。一方面，复盘我国汽车企业发展阶段，借鉴引资合作经验，梳理提炼我国汽车企业的相对优势，并促进向其他发展中国家转移和技术输出，同时，有助于突破贸易壁垒，取得较高的经济利益；另一方面，通过研究梳理发达国家车企进行跨国并购或战略合作的方式，获取海外大型车企优秀的管理经验、先进的技术与研发能力、成熟的汽车从业人才等资源，加速缩短中国汽车企业与先进发达国家汽车企业发展差距，促进中国汽车企业国际竞争力的持续提升。

1.2 研究的方法与思路

1.2.1 本书的研究方法

本书在研究过程中，以对外直接投资的相关理论和文献资料入手，结合我国汽车企业对外直接投资具体发展实践进行剖析研究，归纳提炼相关影响因素和一般规律，提出中国汽车企业对外直接投资发展的对策建议。主要运用了以下四种研究方法。

（1）文献资料分析法

通过大量地搜集、整理对外直接投资相关理论以及国内外学者对汽车企业对外直接投资研究的相关文献和研究成果，结合本书研究内容筛选提炼，分析其可行性与适用性，确定研究所需主要的概念与理论，并基于此作为本书相关事实研究的依据。

（2）演绎归纳法

在对外直接投资理论研究成果的基础上，对中国汽车企业对外直接投资的发展历程、发展特征、发展现状进行定性化和定量化分析，对中国汽车企业对外直接投资的模式选择、区位选择和战略选择进行专项分析，归纳总结其中存在的问题和汽车企业对外直接投资发展的一般性规律，对中国汽车企业对外直接投资的现状和发展方向做出判断和推测。

（3）模型分析法

本书在分析过程中，借鉴传统对外直接投资理论，构建并基于理论模型展开具体分析。如在中国汽车企业对外直接投资模式选择研究时，借鉴国际生产折衷理论的 OLI（ownership location internalization）范式对各项影响因素进行分析；在中国汽车对外直接投资战略选择研究过程中，借鉴经典企业战略理论模型和现代企业战略理论模型，有机融合构建基于钻石理论的 SWOT 分析模型，以中国汽车产业国际竞争力作为分析对象，从钻石理论模型的各主要维度，分别进行外部环境和内部因素的战略选择模型分析，揭示多种环境、不同因素的组合情况下，中国汽车企业对外直接投资战略相应的对策建议。

（4）案例分析法

本书主要以中国汽车企业为研究主体，通过对国内主要汽车企业如一汽集团、上汽集团、吉利汽车、长城汽车等对外直接投资实践作为案例研究对象，并结合上汽集团收购韩国双龙汽车、吉利汽车联合马来西亚 IGC 集团建厂等典型案例，从微观层面深入剖析中国汽车企业对外直接投资发展过程中所取得的成绩、面临的障碍和存在的风险，以便于更直观分析中国汽车企业对外直接投资发展的特征，并为有针对性地开展中国汽车企业对外直接投资发展提出有益的对策与建议提供参考。

1.2.2 本书的研究思路

本书从对外直接投资的传统理论和文献资料研究出发，系统地回顾了发达国家、发展中国家对外直接投资基础理论，尤其是梳理研究了国内外学者对我国企业与汽车企业对外直接投资的文献成果，分析提炼适用于中国汽车企业对外直接投资发展的理论体系，为后续深入研究中国汽车企业对外直接投资发展实践奠定坚实的理论基础。

通过对中国汽车企业对外直接投资发展历程、发展现状的回顾和整理，详细地分析了中国各主要汽车企业对外直接投资的发展实践，总结归纳了现阶段中国汽车企业对外直接投资的发展特征和主要问题。

本书从影响中国汽车企业对外直接投资的三项关键活动：模式选择、区位选择、战略选择和主要的风险，展开详细的研究论述。对中国汽车企业对外直接投资模式选择和区位选择的现状和影响因素进行分析，对中国汽车企业对外直接投资战略现状分析并建立理论模型开展综合研究，区分确定中国汽车企业对外直接投资的各项风险并进行案例分析，剖析中国汽车企业对外直接投资的内部运作现状和关键影响维度。

依据上述分析研究基础，本书提出中国汽车企业对外直接投资的对策和参考建议，并在最后做出主要结论和展望。

1.3 研究的创新与局限

1.3.1 本书的研究创新

从微观角度，针对我国汽车企业国际化水平不高、对外直接投资处于发展初级阶段，经常做出一些重复的、低级的决策表现的现实情况，进行了大量基础性、系统性的研究，建立了现阶段较为全面的案例信息和基础数据库，梳理归纳了具有普遍性的对外直接投资模式选择、区位选择基本行为规律，构建基于钻石理论的 SWOT 分析模型对我国汽车产业国际竞争力进行分析，为我国汽车企业对外直接投资决策提供支持。

研究和阐述了我国汽车企业对外直接投资的各项关键风险，结合对上汽集团收购韩国双龙汽车、吉利汽车在马来西亚建厂两个典型案例的分析，归纳我国汽车企业对外直接投资中存在的不同风险和教训。

从宏观角度，系统地梳理分析了我国汽车企业对外直接投资相关政策，结合对外直接投资实践过程表现的特点与问题，提炼出匹配政府鼓励的政策支持、构建完善的法律保障体系、建立相应的金融服务体系、健全现代化企业管理机制、加速国际化经营人才培养、加大企业的技术研发投入、加强对外投资的战略合作、实施有效的投资风险评估等八项保障措施，对进一步提升中国汽车企业对外直接投资水平提供参考建议。

1.3.2 本书的研究局限

在研究程度上，现阶段对我国汽车企业对外直接投资的文献研究较少，已有研究通常限于其中某一阶段或某一部分的，多为管中窥豹。为我国汽车企业对外直接投资建立起全面的认识并对企业战略发展起到系统的支撑，本书对中国汽车企业对外直接投资行为、结果及普遍性规律进行了较为系统和详尽的论述，但在部分领域的研究程度还有待继续深化。

在数据基础上，我国汽车企业对外直接投资数据还未建立起独立的权威数据标准或数据库，部分数据为从国家统计局《国民经济行业分类》中制造业数据筛选取得，或整理德勤等第三方专业机构的调研数据获得，个别数据还待拾遗补缺持续研究。

第二章 对外直接投资理论基础与文献综述

2.1 核心概念界定

2.1.1 汽车企业

汽车产业发展已有上百年的历史，现已形成了系统的产业链条、丰富的产品种类和广泛的关联产业，根据我国标准产业目录，汽车产业主要归集在交通运输设备制造业中，涵盖了小轿车、微型汽车、载重汽车、客车、特种车辆及改装汽车、汽车车身、汽车零部件及配件合计七项制造业范围。[1]

在我国的对外直接投资过程中，汽车零部件及配件等制造企业也已较早地开展了对外直接投资实践，但基于研究深入程度及有效适用性考虑，本书"汽车企业"的范围主要聚焦于对整体车辆制造企业开展相关研究，即从事生产上述交通运输设备制造业七项范围中前四项内容的企业。

2.1.2 对外直接投资

对外直接投资形成一种有效的资源流动，对于发展中国家的经济发展尤其对其工业发展而言，带来了长期的资本、技术、培训、管理和市

---

[1] 国家标准化管理委员会 . 中华人民共和国行业标准目录 [M]. 北京：中国标准出版社，2002：1295.

场经验等多个方面独特的融合（Anthony Bende Nabende，1999）。对外直接投资是指一国企业在国外进行的以控制企业经营管理权为核心、以获取利润为主要目的的资本外投（丁祥生，2003）。通常包括：①投资者在国外建立一个新公司的支出或者是为现有公司在国外扩张的投资支出；②投资者在国外兼并一个公司或该公司一部分的财政支出，或者通过直接购买或兼并的方式取得控制权的投资（根据不同地区政府的要求，投资者需至少拥有公司市值的 10%~51%）；③跨国公司内部在不同国家间的长期贷款。[1]

中国对外直接投资统计制度（2016）定义为，对外直接投资是指我国国内投资者以现金、实物、无形资产等方式在国外及港澳台地区设立、购买国(境)外企业，并以控制该企业的经营管理权为核心的经济活动。[2]

综合上述理论和定义，本书认为对外直接投资是投资者在国外通过资本或技术输出等方式，拥有被投资者的控制权与管理权，参与被投资者的生产、经营等活动，获取投资收益的经济行为。

2.1.3 跨国公司

跨国公司就是指从事跨国经营的企业。基于在跨国经营战略上的差别，在学术界也有多种名称，如多国公司（multinational corporation，MNC）、多国企业(multinational enterprise，MNE)、跨国公司(transnational corporation，TNC）等。从本质上来看，跨国公司是指在两个或两个以上国家设立生产或经营的分支机构，从事跨国生产经营活动的工商企业实体。

联合国经济及社会理事会（1986）定义跨国公司为，在其基地所在国之外，拥有或控制生产、服务能力的公司。其应具备三项基本要素：

---

[1] 丁祥生. 发展中国家企业对外直接投资的优势 [J]. 统计与决策，2003(9):66-67.

[2] 中华人民共和国商务部对外投资和经济合作司. 商务部 国家统计局 国家外汇管理局关于印发《对外直接投资统计制度》的通知，http://hzs.mofcom.gov.cn/article/zcfb/b/201901/20190102825557.shtml，2019-01-10.

①存在两个及以上公司实体；②该公司在一个决策体系内运营，可通过一个及以上的决策中心实现协调一致的对策和战略；③该公司中各实体通过所有权等联结形式，使其中一个或多个实体能对其他实体的活动施加影响。[1]

张继康 (2004) 将跨国公司从结构标准、股权意义、管理控制角度及经营业绩标准四个方面分别进行不同的定义，其衡量标准包括公司规模、股权结构、经营控制程度、经营业绩指标等因素。其主旨依然是围绕着从事跨国经营、国际投资与管理的公司情况。[2]

综上所述，跨国或多国生产企业的概念，就是在一个以上国家拥有或控制生产设施的公司。

2.2 对外直接投资基础理论

对外直接投资理论起源于 20 世纪 60 年代，半个世纪以来，关于对外直接投资理论的研究随着经济全球化的不断加深以及各国大量对外直接投资实践而逐渐发展完善。

在发展阶段上，对外直接投资理论体系可主要分为两个阶段，20 世纪 60 年代至 80 年代是第一阶段，在此阶段里，主要是发达国家对外直接投资实践的研究所形成的相关理论；进入 20 世纪 80 年代以后，即第二阶段，传统的对外直接投资理论难以很好地解释发展中国家对外直接投资行为，在之前理论基础上新发展出相关的理论研究。

在理论思路上，对外直接投资理论主要分为以产业组织学说为基础和以国际贸易学说为基础的两种理论思路。由于对外直接投资与跨国公司的行为存在较强的内在联系，对于跨国公司理论的研究也相当于对外直接投资理论研究的发展和延伸，近年来国内外学者对外直接投资相关

---

[1] United Nations.The United Nations Code of Conduct on Transnational Corporations[M].UK:Palgrave Macmillan,1989:2.
[2] 张纪康 . 跨国公司与直接投资 [M]. 上海：复旦大学出版社，2004：1.

研究主要围绕上述理论开展。

2.2.1 发达国家对外直接投资理论研究

（1）Hymer 的垄断优势理论

垄断优势理论是产业组织学说在跨国公司和对外直接投资领域应用研究的成果。Hymer S.（1960）在其论文《一国企业的国际经营活动：对外直接投资研究》中，提出以垄断优势解释跨国公司对外直接投资行为的理论。该理论将跨国公司视为生产组织而非流通组织，明确指出跨国公司对外直接投资的根本原因在于其特有的垄断优势。[1]Hymer 认为市场结构中的完全竞争是一种纯粹情况，而在现实中的市场是具有不完全竞争性的。跨国公司在这种竞争条件下，不具有支配市场的力量，其生产的产品必须具有优势才能够通过对外投资在国外生产并加以利用，这种优势是东道国厂商所缺乏的特有优势，能够抵消在东道国投资所产生的跨国投资和经营的额外成本，以获得高额利润。通过 Hymer S. 与其导师 Kindleberger 等人后续研究和补充完善，提出构成垄断优势的主要因素有规模经济优势、技术水平优势、组织管理经验优势、雄厚的资金实力优势、先进的信息网络优势、良好的品牌和声誉优势。其中，技术优势作为对外直接投资中最重要的因素，其他因素作为补充或加强。

（2）Vernon 的产品生命周期理论

Vernon R.（1966）以国际贸易理论为基础，结合对外直接投资，运用动态的方法，在其论文《产品周期中的国际投资与国际贸易》中提出产品生命周期理论。通过对跨国公司产品发展阶段的研究，将产品周期分为不同的阶段，包括新产品阶段、成熟产品阶段、标准化产品阶段及产品衰退阶段，研究发现对外直接投资并不仅取决于跨国公司所拥有的特定优势，还取决于其在东道国获得的区位优势，只有两种优势相结

---

[1] Hymer S H. The International Operations of National Firms: A Study of Direct Foreign Investment[J]. Journal of Political Economy,1977,85(5)：387−400.

合才能够促使对外直接投资，并获得利益。[1] 然而该理论只是基于 20 世纪五六十年代美国制造业企业对外直接投资情况的研究，与此后的跨国公司实践并不一致。

（3）寡占反应论

Knickerboker F T.（1973）发表了《寡占反应和跨国公司》，提出并论证了寡占反应是美国跨国公司进行大量对外直接投资的原因之一。将 Vernon 的产品周期理论所述的对外直接投资视为一种进攻性投资，而寡占反应的对外直接投资作为防御性投资，该理论中寡占反应是指有少数大企业所构成的行业中，对某一企业率先对某国采取对外直接投资，其他竞争对手随后也会纷纷采取类似的行动，通过对该国进行投资以抵消其竞争对手对外直接投资行动所可能产生的负面影响。[2]

（5）Buckley & Casson 及 Rugman 的内部化理论

Buckley P J.、Casson M C. 和 Rugman A. 等（1976）在垄断优势理论的基础上，在《跨国公司的未来》一书中提出了内部化理论。该理论认为，在不完全市场情况中，许多中间产品市场，由于其产品特异、市场障碍等因素，交易组织困难，且交易成本高于在企业内部交易市场进行所产生的成本。跨国公司为了获取自身利益，有效提高交易效率，通过对其组织手段进行调整，将外部市场内部化，当企业内部交易市场超越国界就形成了跨国公司的内部化和对外直接投资，从而降低了交易成本和交易风险。[3]

（6）Kojima K. 的边际产业扩张理论

Kojima K.（1978）根据日本的对外直接投资实践，提出了边际产业

[1] Vernon R. International Investment and International Trade in The Product Cycle[J]. International Economics Policies & Their Theoretical Foundations, 1982, 8(4):307−324.

[2] Knickerbocker F T. Oligopolistic reaction and multinational enterprise[J]. Thunderbird International Business Review, 1973, 15(2):7−9.

[3] Kobrin S J, Buckley P J, Casson M. The Future of Multinational Enterprise[J]. Journal of Marketing, 1976, 41(4):137.

扩张理论，又称为比较优势投资理论。该理论认为，对外直接投资应从投资国已处于或趋于比较劣势的产业即边际产业依次进行，而这些边际产业在被投资国尚具有比较优势或潜在比较优势，这样可以使得对方国家因为缺少资本、技术等未能显现的比较优势显现或增强，从而可以扩大两国间比较成本差距，创造新的比较成本优势格局，实现更多的获益。[1]

（7）Dunning 的国际生产折衷理论

Dunning J H.（1981）在《国际生产与跨国企业》一书中，对各种主要跨国公司理论进行比较和综合运用，其核心内容是将跨国经营的决定因素概括为三类，即源自 Hymer 垄断优势理论的所有权优势、源自 Buckley 等内部化理论的内部化优势和源自系统化区位经济学理论的区位优势。该理论认为，这三类优势相互紧密关联，对这三类优势的拥有程度可影响跨国公司判断是否对外直接投资。当跨国公司试图对外直接投资时，则应同时具备这三类优势；如果试图选择出口时，则仅需具备所有权优势和内部化优势；当只拥有所有权优势时，则最好选择许可贸易方式；当三类优势都不具备或均处于劣势时，则最好吸引国外投资。[2]

2.2.2 发展中国家对外直接投资理论研究

（1）Wells 的小规模技术理论

Wells L T.（1977）发表论文《发展中国家企业的国际化》提出了发展中国家对外直接投资的小规模技术理论，其认为发展中国家跨国公司在跨国经营时拥有的比较优势主要表现在三方面，即拥有为小市场提供服务的小规模生产技术、发展中国家民族产品在国外生产具有优势及发展中国家产品低价营销战略。[3]Wells L T.（1983）在其出版的《第三

---

[1] [日] 小岛清，周宝廉译. 对外贸易论 [M]. 天津：南开大学出版社，1987：453.

[2] Dunning J H. International production and the multinational enterprise[M]. London:Allen & Unwin,1981：249-265.

[3] Wells L T.Third World Multinationals: The Rise of Foreign Direct Investment from Developing Countries[J]. MIT Press,1983,61(5)：1196.

世界跨国企业》一书中，进一步对发展中国家对外直接投资及跨国公司的发展进行了系统的阐述，其认为发展中国家对外直接投资的动因包括保护出口市场、越过配额限制、谋求更低成本、分散企业资产等方面。[1]

（2）Lall 的技术地方化理论

Sanjaya Lall（1983）在其发表的《新跨国公司：第三世界企业的发展》一书中，通过对印度跨国公司对外直接投资的竞争优势和投资动机的研究，提出了技术地方化理论，并以此作为发展中国家的对外直接投资行为解释的分析框架。该理论认为发展中国家跨国公司的竞争优势主要在于发展中国家企业能够运用标准化的技术和地方劳动密集型技术，形成自身独特的技术特征，其竞争优势中受到当地的要素价格与质量、供给条件与需求条件、企业的学习活动等影响，包含了企业内在的创新活动。[2]

（3）Cantwell 和 Tolentino 的技术创新与产业升级理论

Cantwell 和 Tolentino（1990）在对发展中国家对外直接投资问题进行系统考察的基础上，提出了发展中国家技术创新和产业升级理论，将对外直接投资动态化和阶段化。该理论认为发展中国家产业结构升级，是其国内企业技术能力不断积累提高的结果，而这种技术能力的提高是与其对外直接投资密切相关。技术能力的存在和累积是企业国内生产活动模式和增长的重要决定因素，也是国际生产活动的重要结果。某一发展中国家的对外直接投资产业分布和地理分布，随着时间的推移而逐步变化，遵循一定的发展规律，并在某种程度上可以被预测。[3]

（4）Dunning 的投资发展周期理论

Dunning J H.（1981）在《投资发展周期》一文中，通过对 67 个国家在 1967 年至 1978 年期间的直接投资流量与经济发展水平资料进行实

---

[1] [美] 刘易斯·威尔斯，叶刚，杨宇光译. 第三世界跨国企业 [M]. 上海：上海翻译出版公司，1986：97.

[2] Lall S. The rise of multinationals from the third world[J]. Third World Quarterly, 1983, 5(3):618-626.

[3] Cantwell J，P E Tolentino. Technological Accumulation and Third World Multinationals[J]. International Investment and Business Studies, 1990:139.

证分析，发现某一国家的直接投资流量与该国经济发展水平有着密切的相关性。用人均国民生产总值（gross national product，GNP）代表该国的经济发展水平，GNP 越高，则该国对外直接投资净额（net outward investment，NOI）就越大。该理论进一步说明了国际生产折衷理论，补充了其缺乏动态分析的缺陷。明确提出了发展中国家对外直接投资倾向取决于该国的经济发展阶段以及该国所拥有的所有权、内部化和区域三种优势。同时，该国对外投资能力与经济发展水平相关，其国家投资地位与人均国民生产总值（per capita gross national product，PCGNP）成正比。[1]

（5）Ozawa 的动态比较优势投资理论

Ozawa T.（1992）通过将经济发展、比较优势与对外直接投资结合分析，认为发展中国家的比较优势是动态变化的，会随着时间和条件的变化而转移或消失。随着时间的推移及经济的发展，该国比较优势发生变化后，其产业结构和投资结构也将随之变化，从而影响该国对外直接投资的变化。其将发展中国家对外直接投资划分为四个阶段：吸引外国直接投资阶段、外资流入向对外投资转型阶段、从劳动力导向型向技术导向型转变的对外投资阶段、资本密集型资金流入与资本导向型对外投资交叉的阶段。按照这个理论，发展中国家不断增强自身比较优势保持经济竞争力，并逐步从吸收外资的国家演变为对外投资的国家，同时，对外投资增长，也会促进国内产业升级转换进程以提升产业竞争力，以获得国际领先的比较优势。[2]

[1] Dunning J H. Explaining the international direct investment position of countries: Towards a dynamic or developmental approach[J]. Weltwirtschaftliches Archiv, 1981, 117(1):30-64.
[2] Ozawa T.Foreign Direct Investment and Economic Development[J]. Transntional Corporations, 1992, 1(1):1.

2.3 国内外文献综述

随着世界经济一体化的发展与各大跨国公司国际竞争的加剧，各国对外直接投资理论研究也随着对外直接投资的迅速发展而不断深入。中国入世以来，国际化程度发展加快，作为发展中国家阵营的大国和先驱，成为国内外学者研究的主要对象。目前国内外学者对中国汽车企业对外直接投资理论研究相对有限，但也从不同角度分析了中国汽车企业对外直接投资现象，提出了解释对外直接投资形成和发展的各种理论学说。国内外学者关于中国对外直接投资及汽车企业对外直接投资研究范围主要涉及对外直接投资理论的适用性与变化、对外直接投资的动因和优势、对外直接投资存在的问题以及应对措施等方面。

2.3.1 对外直接投资理论研究文献综述

Berning S C. 和 Holtbrügge D.（2012）在对 1986 年至 2012 年有关中国对外直接投资理论相关文献的研究基础上，提出传统对外直接投资理论、模型对于中国对外直接投资实践并不直接适用，尤其是在 2000 年 3 月中国政府提出"走出去"战略之后。传统的国际化理论如邓宁的 OLI 范式、RBV 和 Uppsala 过程模型等均无法有效解释中国对外直接投资行为，主要也是由于这些理论低估或并未考虑中国政府在对外直接投资中的地位。其建议在未来的研究中，应关注中国国有企业在国际化过程中的优势和影响。[1]

宝贡敏（1996）根据发达国家、发展中国家对外直接投资情况及企业对外投资与环境和母国关系等进行分析，指出内部化理论和跨国壁垒理论适用性有限，提出发展中国家企业对外直接投资不需要企业占据特别技术、管理、经济、区位优势的理论，即控制市场理论和规模经济理论。

---

[1] Berning S C, Holtbrügge D. Chinese outward foreign direct investment—a challenge for traditional internationalization theories? [J]. Journal Für Betriebswirtschaft, 2012, 62(3−4):169−224.

认为应将是否有必要及能否控制市场，是否能够获得及有没有规模经济效益，作为衡量发展中国家企业对外直接投资与否的主要标准。[1]

陈秋敏（2000）通过研究传统对外直接投资理论，如邓宁的国际生产折衷理论、巴克利和卡森的内部化理论、威尔斯的小规模技术优势理论、拉奥的技术地方化理论，对相关理论在解释发展中国家对外直接投资行为的不足进行分析基础上，提出发展中国家对外直接投资优势具有动态性，而并非传统理论中所述具有一定优势后才能进行对外直接投资，且在对外直接投资过程中可获取并积累相应优势。其认为企业对外直接投资行为非常复杂，现实中无法用一种理论就能够完美无缺的解释，且随着世界经济发展，对外直接投资理论也将随着企业跨国投资的发展而不断完善。[2]

李洪江（2004）在对发达国家和发展中国家传统对外直接投资理论的研究后，提出中国对外直接投资理论的选择，即中国企业对外直接投资的三层次理论模式，不同层次按不同理论开展对外直接投资。第一层次，是对于拥有一定技术、规模和国际化经验的企业，考虑其具备与发达国家跨国公司在国际市场上直接竞争的相对优势，可按照垄断优势理论、内部化理论以及国际生产折衷理论指导对外直接投资，第二个层次，是具有一定技术基础并能不断吸收积累先进技术的企业，可按照技术积累产业升级理论指导对外直接投资；第三个层次，是技术成熟且低成本运作的企业，可按照产品生命周期理论、比较优势扩张理论和小规模技术理论指导对外直接投资。[3]

李翀（2007）在对发展中国家对外直接投资理论研究的基础上，提

[1] 宝贡敏. 关于国际直接投资理论的思考：以展中国家企业向发达国家直接投资动因为中心 [J]. 国际贸易问题, 1996, 41(12):4–8.

[2] 陈秋敏. 关于发展中国家对外直接投资理论的思考 [J]. 国际商务：对外经济贸易大学学报, 2000(6):1–4.

[3] 李洪江. 对外直接投资理论与中国的对外直接投资 [J]. 哈尔滨商业大学学报 (社会科学版), 2004(5):10–13.

出发展中国家局部竞争优势理论。其认为发展中国家与发达国家的企业相比，在技术、资金、管理、营销等方面都处于劣势。但并不意味着在每个行业的企业或生产每种产品的企业都是如此。发展中国家的企业可以在局部形成对发达国家的企业的优势，并利用这种优势对发达国家直接投资。这种局部优势包括局部技术优势、局部规模优势、企业整合优势和市场细分优势。[1]

田泽（2008）借鉴国际对外直接投资理论，如国际产业竞争理论、国际生产折衷理论、日本学者中的比较优势学派理论、后发优势与技术跨越的理论，探讨了我国企业对外直接投资理论的研究，如发展中国家跨国投资分类转换理论、关于竞争策略模型和技术扩散模型和中国企业跨国投资综合优势论，结合我国经济发展和对外直接投资情况，指出我国跨国经营的发展实践与理论模型并不一致。并在对我国企业跨国经营经验总结和国际化模式理性思考基础上，认为我国企业应该利用本国所具有的独特资源和比较优势，转化成为潜在的竞争优势。通过从国际分工和国际产业转移的角度来诠释中国企业的"对外直接投资，产业发展目标论"，并以比较优势理论和竞争优势为基础，综合投资要素组合优势论，形成中国的对外直接投资理论。[2]

2.3.2 对外直接投资动因研究文献综述

Amighini A.、Rabellotti R. 和 Sanfilippo M.(2013) 通过运用国家和工业经验分解数据分析了 2003—2011 年间中国对外直接投资的东道国决定性因素。研究结果表明，中国对外直接投资的决定性因素在高收入与低收入东道国国家是不同的。然而，所有的中国对外直接投资都基于市场选择，其他动因在特定的国家因不同领域而不同。资源寻找动因与制造

---

[1] 李翀 . 发展中国家局部竞争优势型对外直接投资——论发展中国家对外直接投资的动因 [J]. 学术研究，2007(4):18–24.
[2] 田泽 . 我国企业对外直接投资的理论创新 [J]. 现代经济探讨，2008(10):25–29.

业向高收入国家高能耗产业对外直接投资以及低收入国家高资源消耗相关。战略性资产的寻求动因根据在 GDP 方面投入的 R&D（research and development），也在积极影响中国制造业和服务业向发展中国家进行对外直接投资，同时，高教育水平、自然资源对于中国对外直接投资而言不仅在资源相关领域而且在制造业和服务业都是重要的吸引因素。最后指出，中国对外直接投资通常趋向于跟随出口选择投资方向，特别在服务业领域。[1]

Amighini A A. 和 Franco C.（2013）通过对 2006—2011 年中国汽车领域进行分析研究中国对外直接投资的动因。根据东道国大量对外直接投资文献，分析识别了经济、政治和技术因素后发现，中国汽车企业对外直接投资主要基于东道国经济方面市场大小的因素，且这种市场投资战略针对非高收入的国家。另外，宏观经济稳定性和劳动力效率也作为考虑因素，而政治稳定性不在考虑范围内。此外，还发现对外直接投资过程中主要国家和区域间存在抱团效应。[2]

丁祥生（2003）研究发现近年来发展中国家的对外直接投资表现出四大特点：一是虽然发展中国家或地区对外直接投资的来源集中度很高；二是发展中和转型经济体大部分对外直接投资流向了商业、金融以及与贸易相关的第三部门；三是发展中国家或地区对外直接投资主要流向其他发展中国家；四是发展中国家或地区对外直接投资大部分是区域内部主导的。对外直接投资的动因由于不同类型国家跨国公司的所有权优势而不同，发达国家跨国公司的优势主要为差异产品优势、来自要素市场不完全的优势及内、外部规模经济优势；发展中国家跨国公司的优势主要为小规模生产技术、当地采购优势、企业管理和营销成本低廉优势、特殊和差异化产品优势。其认为发展中国家或地区跨国公司对外直接投

[1] Amighini A A, Rabellotti R, Sanfilippo M. Do Chinese state-owned and private enterprises differ in their internationalization strategies? [J]. China Economic Review, 2013, 27(4):312-325.

[2] Amighini A A, Franco C. A sector perspective on Chinese outward FDI: The automotive case[J]. China Economic Review, 2013, 27(27):148-161.

资的动因主要包括寻求市场、寻求效率、寻求资源、寻求创造性资产、规避风险、东道国的优惠措施和民族与文化纽带七个方面。[1]

2.3.3 对外直接投资模式选择研究文献综述

Anderson 和 Gatignon（1986）提出交易成本理论及其扩展交易成本理论，形成企业海外进入模式选择研究应用最广的理论框架。其主要从资产专用性的角度研究可能的进入模式，进入模式的分类包括契约式进入模式（主要指许可经营和特许经营）和投资式进入模式（主要指合资企业和独资企业）。这些进入模式的控制程度存在不同，选择最佳控制程度的进入模式可以实现交易成本的最小化和长期效率的最大化，对海外投资具有较强的理论指导意义。[2]

此后，一些学者运用交易成本理论对进入模式选择进行了研究，Hennart（1991）研究了日本企业在美国进行投资的数据，发现企业在进入新的行业、缺乏当地经营经验、需要得到自然资源等情况下，更倾向于选择合资模式进行海外投资。[3]Erramilli 和 Rao(1993) 研究了服务企业国际化进入模式选择的低成本集中度等特征，认为该类企业更倾向于选择高度控制的进入模式即全资进入模式。[4]Brouthers 和 Nakos（2003）研究发现应用交易成本理论对中小型企业进入模式的选择明显优于其他理论模型。[5]

北欧经济学家 Carlson（1975）、Johanson 和 Wiedersheimpaul（1975）、Johanson 和 Vahlne 等，认为企业海外市场的进入模式是随着企业国际经

[1] 丁祥生. 发展中国家企业对外直接投资的优势 [J]. 统计与决策，2003(9):66−67.

[2] Anderson E, Gatignon H. Modes of Foreign Entry: A Transaction Cost Analysis and Propositions[J]. Journal of International Business Studies, 1986, 17(3):1−26.

[3] Hennart J F. The Transaction Costs Theory of Joint Ventures: An Empirical Study of Japanese Subsidiaries in The United States[J]. Management Science, 1991, 37(4):483−497.

[4] Erramilli M K, Rao C P. Service Firms' International Entry−Mode Choice: A Modified Transaction−Cost Analysis Approach[J]. Journal of Marketing, 1993, 57(3):19−38.

[5] Brouthers K D, Nakos G. SME Entry Mode Choice and Performance: A Transaction Cost Perspective[J]. Entrepreneurship Theory & Practice, 2004, 28(3):229−247.

营经验积累而渐进式更替的，基本遵循的发展阶段轨迹是间接出口—直接出口（设立海外代理商或营销机构）—建立生产性合资公司—建立生产性独资公司。其认为企业的国际化发展是一系列渐进决策的结果，当企业对国外市场了解不多时，不会贸然运用资源承诺程度高的模式进入，随着企业国际经营经验增加，对国外的市场投入也会越大，就会选择控制程度更高的进入模式。[1] 该理论结合企业的发展，动态地探讨企业的海外进入模式，并区分了销售性进入和生产性进入，关注进入模式的资源承诺和控制程度，认为国际化现状是影响后续企业国际化的重要因素。但该理论仅局限地选取了国际经营经验这一个影响因素变量，而忽略了其他的重要影响因素，对企业采取冒进策略等进入模式难以给予有效解释。

Hoskisson 和 Hitt（1990）认为企业是资源和能力的结合体，企业应该选择能够最有效转移和利用自身资源的模式。与交易成本理论视角不同，该理论从企业内部角度考虑对进入模式的选择，考虑企业自身是否拥有竞争优势的资源，以及企业是否能有效地转移这些资源到东道国，并加强或提高这些资源和能力。上述研究可以较好地解释企业进入模式的选择，当跨国企业自身能力弱于东道国企业能力，或缺乏东道国企业控制的一些关键资源时，就会面临较多的市场障碍，此时会选择合资的进入模式。当跨国企业拥有竞争优势的资源，或拥有较强的研发技术能力需要完全进入模式保护时，则常会选择独资的进入模式。[2]

Kim 和 Hwang（1992）基于 96 个跨国企业经理人员对企业进入模式决策的经验反应的调查问卷，将各种全球战略变量组合到一个折衷框架模型进行企业进入模式影响分析，研究表明将全球战略变量因素纳入

[1] Petersen B, Pedersen T, Sharma D," The Role of Knowledge in Firms' internationalization Process: Wherefrom and Whereto" Working Papers, 2001.

[2] Hoskisson R E, Hitt M A. Antecedents and Performance Outcomes of Diversification: A Review and Critique of Theoretical Perspectives[J]. Journal of Management, 1990, 16(2):461-509.

跨国企业的进入模式决策很有必要。[1]

Davis、Desai 和 JD Francis（2000）运用制度理论框架对企业进入模式研究，提出跨国企业受到母国内部制度环境与东道国外部制度环境的双重压力，在受到母国内部制度压力较大时，通常会选择独资的进入模式，而在东道国制度压力较大时，则会选择合资等进入模式，在双方制度压力均较低时，则会选择多种或混合进入模式。[2]

许晖（2003）在充分研究跨国公司进入模式相关理论及应用的基础上，提出影响企业国际市场进入模式决策的三项关键因素：战略因素、环境因素和企业特定因素。[3]

刘建丽（2009）在对中国制造业企业海外市场进入模式研究的基础上，提出企业海外市场进入模式受母国因素、东道国因素、产业与企业因素的多重影响，但这些因素对企业不同层次进入模式选择的影响是不同的。[4]

王洁（2010）以国际生产折衷理论为基本框架，将对于企业海外市场进入模式影响因素主要分为国家、行业和公司三个层次，并对各层次影响因素做了分析以指导企业海外市场进入模式的选择。[5]

2.3.4 对外直接投资区位选择研究文献综述

随着对外直接投资的发展，我国学术界主要从 21 世纪初开始对外直接投资区位选择理论及实践进行研究，并对中国对外直接投资区位选择输出相应的启示和建议。

杨大楷和应溶（2003）研究分析了我国企业对外直接投资区域分布

[1] Kim W C, Hwang P. Global Strategy and Multinationals' Entry Mode Choice[J]. Journal of International Business Studies, 1992, 23(1):29-53.

[2] Davis P S, Desai A B, Francis J D. Mode of International Entry: An Isomorphism Perspective[J]. Journal of International Business Studies, 2000, 31(2):239-258.

[3] 许晖. 跨国公司拓展国际市场战略模式研究及其启示 [J]. 生产力研究, 2003(6):164-166.

[4] 刘建丽. 战略因素影响下的企业海外市场进入模式选择 [J]. 经济管理, 2009(1):80-85.

[5] 王洁. 国际市场进入模式选择的影响因素分析 [J]. 现代经济：现代物业中旬刊, 2010, 09(6):50-51.

现状，将传统国际直接投资理论与我国企业对外直接投资区位选择的特点相结合，分析对外直接投资区位选择的决定因素，并提出相关建议。现阶段我国企业对外直接投资应以临近发展中国家为主，应以目标市场的所在地为导向，在国外的研发投资区位应注重产业群集以获得区域创新优势。[1]

江心英（2004）评述了传统国际直接投资区位理论的局限性，研究分析形成国际直接投资区位选择的综合动因论基本内涵，认为国际直接投资的区位选择是跨国公司与东道国间典型的正和博弈，只有符合利益的原则才是双方经济交往和合资的基础，国际直接投资区位选择取决于跨国公司投资目标与东道国引资目标的吻合程度。[2]

张娟（2006）基于传统国际直接投资理论和我国企业国际化现实的发展，分别从垄断优势、相对技术优势及交易成本三方面对区位选择进行理论阐述，并提出 Dunning 的国际生产折衷理论是在吸收上述三种理论过程中发展起来的，并经过国内学者的研究印证，可用来解释对外直接投资的区位选择问题，但需注意三种优势的关系和替代转化问题。当内部化优势 > 区位优势 > 所有权优势时，内部化优势就弥补了其他两种优势的劣势，投资时就可能会选择最大程度发挥其内部化优势的区域，同理，也可发生寻求其他两种优势的对外直接投资区位选择。[3]

朱廷珺和高沛（2007）从微观企业层面、中观企业层面和宏观国家层面对 FDI（foreign direct investment）区位选择的研究文献进行了梳理，提出发达国家和发展中国家的对外直接投资理论，都是以投资动因角度对跨国公司的对外直接投资进行理论解释，而投资区位问题仍是在区位理论和国际直接投资理论的夹缝中发展。近年来对 FDI 区位决策的研究大多是从现有国际直接投资理论出发，定量分析影响国际直接投资的区

[1] 杨大楷，应溶. 我国企业 FDI 的区位选择分析 [J]. 世界经济研究，2003(1):25-28.

[2] 江心英. 国际直接投资区位选择综合动因假说 [J]. 国际贸易问题，2004(6):66-69.

[3] 张娟. 国际直接投资区位理论综述 [J]. 经济纵横，2006(8):77-79.

位因素,由于许多因素无法量化、数据样本差异、投资动机差异、东道国投资环境不确定等,定量分析结果也不尽一致,也难以给出合理解释。但学者们的分析、验证及政策建议,具有重要借鉴价值。[1]

李伟杰和宋焱(2009)在梳理区位选择理论沿革,归纳相关实证研究,并回顾我国企业对外直接投资实践的基础上,分析我国企业对外直接投资的目标区位和影响因素,提出我国企业对外直接投资区位选择应具备贸易联系紧密、GDP 总量达一定规模以及政治经济稳定和"心理距离"较短的周边国家。[2]

景红桥和王伟(2013)通过 2003—2010 年中国对 48 个国家直接投资的数据整理,构建对外直接投资引力模型,重点从金融体系和法律起源两方面研究分析中国对外直接投资区位选择的影响因素,其认为具有市场主导型的进入体系和普通的法律起源的东道国更具吸引力。此外,资源禀赋、经济规模及地理位置等因素也显著影响着对外直接投资区位选择。[3]

颜银根(2014)研究了对外直接投资企业区位选择理论基础,采用 2000—2010 年间 20 个国家或地区与中国 19 个省份签订的合同项目数,运用面板 Tobit 模型进行假说检验,提出对外直接投资企业区位选择受市场潜能、地理集聚、同源国效应、工资水平及区域政策等因素的重要影响。[4]

2.3.5 对外直接投资建议及相关研究文献综述

王娇(2011)认为中国汽车企业海外并购是由于国际金融危机为中

---

[1] 朱廷珺,高沛.国际直接投资区位理论研究述评 [J].兰州商学院学报,2007(02):35–42.

[2] 李伟杰,宋焱.我国企业对外直接投资区位选择:理论综述与实践回顾 [J].海南金融,2009(1):29–34.

[3] 景红桥,王伟.金融体制、法律起源与我国对外直接投资的区位选择 [J].国际贸易问题,2013(12):148–156.

[4] 颜银根.FDI 区位选择:市场潜能、地理集聚与同源国效应 [J].财贸经济,2014,35(9):103–113.

国汽车企业提供了海外并购的机遇、国家政策的支持以及中国汽车企业自身发展的需要。当前，中国汽车企业海外并购存在的问题包括缺乏海外并购经验和人才、缺乏明确的整体战略规划、缺乏对海外并购成本的认识、缺乏对被并购企业潜在风险及并购后整合挑战的认识。[1]

吴松泉、武守喜和马胜（2012）提出企业国际化发展路径可划分为三个阶段：直接产品出口、对外开展技术许可等非股权联盟、直接股权投资阶段。其中，对外投资是企业国际化战略的最高级阶段。国际汽车产业对外投资主要特点包括：跨国汽车公司向新兴市场国家转移并在主要市场开展本地化生产、兼并重组和战略联盟是全球汽车产业发展主旋律、零部件行业形成了全球化的生产体系。中国汽车产业对外投资现状有如下几个方面，整车企业海外投资设厂很少，大部分仍为委托生产；整车领域并购所需资金规模较大，风险较高，并购案例较少；零部件行业对外投资以国际并购为主，少数企业开始在海外设厂。存在的主要问题：大多数企业对外投资缺乏战略规划；国内企业控制风险能力不强，项目整合缺乏经验；国内企业在境外收购项目中恶性竞争；融资渠道单一，外汇政策限制过多。最后提出我国推动汽车行业对外投资规范有序发展的建议，认为政府政策方面，应制定汽车行业对外投资战略，加强政策引导和支持；提高中央和地方政府部门的审批门槛，并提高审批效率；加快境内商业银行的国际化步伐，不断提高用汇和汇出的便利化程度，满足企业对外投资的业务需求；通过政府间磋商，探索建立在东盟、南美、北美等热点地区建立中国汽车工业园区。企业方面，应制定清晰明确的、切合实际的对外投资战略，明确海外并购的目的和对象，区位选择上应重点考虑主要的自由贸易区以及较大的新兴市场国家，做好风险评估工作、加强风险防范和控制。[2]

李源泉（2012）基于 PEST（政治环境 P、经济环境 E、社会文化

[1] 王娇. 中国汽车企业海外并购的原因及存在的问题分析 [J]. 对外经贸, 2011(1):44-46.
[2] 吴松泉, 武守喜, 马胜. 汽车行业对外投资问题研究 [J]. 汽车工业研究, 2012(12):19-22.

环境 S 和技术环境 T）模型，运用宏观环境的分析方法，研究我国跨国并购并提出应对措施，以避免因为宏观环境造成并购行为的风险。措施包括有如下几个方面，并购前，充分了解自身实力和被并购企业情况，明确并购动机和目的，开展并购可行性分析和设计并购程序；并购时，选择专业中介机构，加强政府公关活动，减少政治阻力，把握最佳的并购时机，选择适合的并购方式和制定合理并购价格，采取灵活的融资渠道和支付方式；并购后，提高跨文化管理能力，建设全新企业文化，提高整合能力，尽快落实企业并购战略目标，优化企业资源，提高工作效率，集中精力开展经营，并承担企业社会责任，融入当地社会。[1]

郭秀君（2013）在对我国汽车行业自 20 世纪 90 年代以来的对外直接投资研究后，认为随着我国汽车行业竞争力的不断增强，中国汽车企业对外直接投资主体多元化，投资绩效显著增加，在投资规模、方式和地区方面均有较大进展，但投资地区主要集中在非洲、拉美、东南亚等发展中国家，整体而言仍处于初级阶段。同时，中国汽车企业对外直接投资也面临着新的国内外影响因素，从而在发展趋势上呈现出规模扩大化、方式多样化和地区多元化。[2]

郭秀君和章晶晶（2013）认为中国汽车企业对外直接投资的优势包括：拥有充足的资金、行业领域内核心技术能力得到提升、"十二五"规划为我国汽车工业发展注入新的活力；劣势包括自主创新水平较低、跨国经营管理人才不足、并购前缺乏整体的战略规划、并购后整合能力差。并提出中国汽车业对外直接投资的发展策略，制定企业对外投资战略，做好可行性研究；加快企业并购重组步伐，提高整体投资实力；提高并购后的整合能力；树立风险防范意识；充分利用政府平台的各种投资信息服务。[3]

[1] 李源泉. 基于 PEST 模型的我国跨国并购研究 [J]. 中国经贸导刊，2012(29):27-28.

[2] 郭秀君. 中国汽车行业对外直接投资扩展现状及发展趋势 [J]. 对外经贸，2013(6):43-46.

[3] 郭秀君，章晶晶. 中国汽车业对外直接投资的优劣势及发展策略分析 [J]. 江苏商论，2013(8):90-91.

李霞（2013）对我国汽车行业 2004—2012 年期间跨国并购事件进行总结分析，归纳出中国汽车行业跨国并购特征包括并购金额越来越大、并购主体国有企业与民营企业并存、目标企业特征明显、并购收益明显。其认为在现阶段中国汽车企业跨国并购存在的问题主要有五方面，缺乏整体战略计划、中外企业文化碰撞、企业融资困难、缺乏服务并购企业的人才和中介机构、缺乏有效的制度支持。在中国汽车企业未来的跨国并购过程中，应制定完整明确的战略规划、注重企业文化差异、创新融资方式、加强对专业人才的培养和招募以及需要政府加大宏观支持力度。[1]

2.4　本章小结

2.4.1　对外直接投资理论及文献归纳分析

随着国际间对外直接投资行为的发展，自 20 世纪 50 年代开始，对外直接投资理论的研究、对跨国公司行为的研究逐渐演化为经济学中的独立学科，并持续更新深化。早期的对外直接投资理论研究主要是西方学者基于对发达国家企业在当时的历史阶段下的静态分析，从产业组织学说、国际贸易理论等延伸研究，形成垄断优势理论、产品生命周期理论、内部化理论等有代表性的研究成果。经过半个多世纪的发展，随着发展中国家对外直接投资行为的兴起，在对之前发达国家对外直接投资理论借鉴的基础上，围绕着垄断优势、所有权优势、区位优势等理论以及阶段内对外直接投资实证分析，对外直接投资理论研究也逐渐深化、丰富，从静态研究转变为动态研究，形成了小规模技术理论、技术地方化理论及动态比较优势投资理论等研究成果，为发展中国家对外直接投资提供了更具参考性的理论支撑。

---

[1] 李霞 . 我国汽车业跨国并购 : 现状、问题及对策 [J]. 生产力研究，2013(9):127–128.

然而，基于历史条件限制，以及各国对外直接投资的多样性，每一种理论都不能完全指导或解释不同时间阶段、不同发展程度国家企业的对外直接投资行为。如海默的垄断优势理论，限于对 20 世纪五六十年代美国发展较为靠前的跨国公司进行的研究，在一定程度上解释了跨国公司的对外直接投资条件，但对其他国家不同发展阶段企业的对外直接投资不具有通用参考性，也未能解决对外直接投资的动因、决策、区位选择等主要问题。后期的对外直接投资理论发展逐步完善，也在不同程度上对上述问题进行了分析与解释，但仍然存在片段性和片面性的特征。目前，几乎所有理论都仅能选取某一历史阶段的部分群体进行研究分析，分析的角度中大都缺乏对外直接投资过程中对国家主导的政策性因素研究。

2.4.2 本书研究可借鉴理论内容总结

与发达国家及部分发展中国家相比，中国企业对外直接投资发展起步时间较晚，且前期多以资源型行业、国有企业为主。中国汽车企业对外直接投资自20世纪末开始，现在仍处于对外直接投资发展的初期阶段。然而在上述对外直接投资理论中，尚没有一项理论能够直接指导或系统解释现阶段中国汽车企业的对外直接投资行为。而国内外学者对汽车企业对外直接投资研究关注仍较少，尤其缺少系统性的研究和一般性规律的揭示。

在经历多年吸引外资过程中承接国际发达国家汽车产业技术转移之后，面临新一轮工业革命对国际国内制造业带来的冲击，中国汽车企业当前具备了前所未有的发展积累和时代特征，为应对未来汽车企业发展所面临的国际化竞争挑战，需要对其进行细致地剖析和研究以提出针对性的发展建议。结合中国汽车企业发展的外部环境和内在需求，在上述理论和文献研究中的国际生产折衷理论对企业对外直接投资所需优势的研究，以及技术地方化理论、技术创新与产业升级理论对当前发展中国家企业对外直接投资阶段的划分，可为本书的综合分析研究提供理论支持与借鉴。

第三章 中国汽车企业对外直接投资历程与特征概述

随着经济全球化的发展和深化，汽车企业国际化已成为不可避免的发展趋势，基于 Ozawa（1992）动态比较优势投资理论的四个发展阶段，中国汽车企业要在经济全球化的国际竞争环境中持续发展，初期以吸引外资方式取得一定发展基础，之后通过出口的方式进入国际市场，中期以技术升级取代劳动密集型发展，最后以资本导向输出形成最终的对外直接投资方式，不断促进和培育自身产业升级和对外竞争力的提升，从而形成并发挥有效的竞争优势。

国际上发达国家和部分发展中国家汽车企业在 20 世纪 30 年代已经陆续开始实施对外直接投资，从早期的美国通用汽车、福特汽车到德国大众汽车，再到之后的日本丰田汽车与韩国现代汽车等，均在不同阶段、不同程度上实施了对外直接投资发展战略，积极布局海外市场，扩大市场竞争影响力。

中国汽车企业发展起步较晚，也在逐步探索国际化发展道路，自中国加入 WTO 以来，中国部分汽车企业更加清晰地感受到国际化发展趋势是参与市场竞争的必经之路，在国家"走出去"战略的号召下，已陆续开始了对外直接投资的实践探索。时至今日，中国汽车企业已在对外直接投资的探索中取得了一定的成效，收获了有益的发展经验。

3.1 中国汽车企业对外直接投资发展历程

中国汽车工业的起步晚于世界汽车工业发展半个多世纪。从 1953

年第一汽车制造厂奠基建设标志着中国汽车工业的开始，迄今也已走过半个多世纪的历程，中国汽车工业的不断发展与壮大，为中国汽车企业对外直接投资奠定了坚实的基础，促使中国汽车企业对外直接投资发展从无到有、从探索到实践，逐渐地拉开了序幕。根据汽车企业发展情况、汽车产销量规模及汽车企业的国际化发展程度，可将中国汽车企业发展历程划分为四个阶段：基础发展阶段、全面提升阶段、快速发展阶段、外向探索阶段。中国汽车企业对外直接投资也随着中国汽车企业的成长，奠定了良好的发展基础，并在中国汽车企业的外向探索期间进入了对外直接投资的初级发展阶段。

3.1.1 中国汽车企业的基础发展阶段（1953—1978 年）

中华人民共和国成立时，中国汽车工业还是一片空白，直至 1953 年第一汽车制造厂的成立，中国汽车企业的发展才拉开帷幕。随后，南京汽车制造厂、上海汽车制造厂、济南汽车制造厂、北京汽车制造厂等省级汽车企业的相继建立，形成当时中国的五个汽车生产基地。

进入 20 世纪 60 年代，国家先后主导建设了第二汽车制造厂、四川汽车制造厂、陕西汽车制造厂等汽车企业，构建了较为完整的载货车生产体系，奠定了中国汽车企业发展的基础。

到 1978 年末，中国汽车企业整车厂数量已近 50 家，汽车年产量达到 15 万辆，全国汽车保有量 107 万辆，初步满足了国家经济与国防建设的发展需要。

中国汽车企业的基础发展阶段，孤立于世界汽车企业体系之外，主要以国家战备为主的经济发展思想为指导，受制于计划经济体制的束缚，虽然形成了以中型载货车为主体的汽车产品和生产体系，但还远不能满足市场需求。在发展的规模上，也远远落后于已进入百万产量的西班牙、韩国、巴西等与中国汽车工业同时起步发展的国家。

3.1.2 中国汽车企业的全面提升阶段（1979—1993 年）

在 20 世纪 80 年代初期，中国汽车工业缺重少轻，轿车工业基本还是一片空白。在国家改革开放政策实施以来，中国汽车企业发展态势随之发生了根本性的改变。为满足市场需求，国家将汽车企业建设与生产重点由中型车转向小型汽车生产和重型车生产方面，促进汽车产品总量的提升和产品结构的调整。

从 20 世纪 80 年代初期开始，中国汽车企业与国外汽车企业也已开始建立联系，逐步引入国外汽车资本、技术和管理方式，设立中外合资合作汽车企业。先后成立了北京吉普汽车公司、上海大众汽车公司、广州标致汽车公司、天津汽车公司、一汽大众汽车公司、东风神龙汽车公司、郑州日产汽车公司等中外合资合作轿车生产企业。

到 1993 年末，中国汽车企业整车厂增加到 125 家，较 1978 年翻了一番，形成了较为完整的汽车企业生产布局和载货车、轿车、客车、专用车、特种车五大系列产品结构。汽车生产规模也得到了大幅提升，全国汽车产量由 1978 年末的 15 万辆，增加至 1993 年末的 129.6 万辆。[1]

这一阶段，中国汽车企业初步建立起以市场为导向的企业布局和产品生产格局，并开始与国际汽车工业接轨，通过合资合作在汽车技术与管理等方面开始向国际先进汽车企业看齐，为中国汽车企业的快速发展奠定良好基础。

3.1.3 中国汽车企业的快速发展阶段（1994—2001 年）

1994 年，中国发布实施了《汽车工业产业政策》，其作为中国工业行业第一部专门的产业发展指导政策，规范了合资合作条件，明确了中国汽车工业发展的目标，提出要在 2010 年以前，将汽车产业培育成国民经济的支柱产业。各汽车企业也以此为契机，围绕市场需要制定营

---

[1] 中国汽车技术研究中心 . 中国汽车工业年鉴 [M]. 北京：中国汽车工业年鉴编辑部，2001：61.

销战略和分销体系，国内私人汽车消费开始发展。

20世纪90年代中期以来，跨国汽车企业通过合资合作、技术许可等方式，大批进入中国，进一步加速了中国汽车企业在资本、技术与管理等方面的发展。在此期间，分别成立了上海通用汽车公司、广州本田汽车公司、天津丰田汽车公司、东南汽车工业公司等轿车和商用车合资合作汽车企业。与此同时，国内自主新兴汽车企业也初步建成，如奇瑞汽车公司、吉利汽车公司和华晨汽车公司等。

到2001年末，中国汽车产量已增加至233.44万辆，在世界排名第8位。在产量增加的同时，汽车种类不断丰富，产品结构上，轻、中、重型车比例及乘用车与载货车比例均已明显改善，形成较为完整均衡的产品系列。[1]

这一阶段，随着第一部汽车产业政策的颁布，标志着中国汽车工业也迈入新的历史阶段。中国汽车市场潜力开始得到挖掘，吸引国外跨国车企大量进入并形成战略性布局，国内汽车市场竞争加剧，中国汽车企业在合资合作、技术引进、自主运营等各方面获得全面快速发展。

3.1.4 中国汽车企业的外向探索阶段（2002年至今）

2001年加入WTO以后，中国汽车企业在前期快速发展的基础上，在产量规模、技术水平及管理能力等方面均得到了较好的积累，随着国内国外市场界限的放开，中国汽车企业外向型发展趋势愈发明显，主要表现在两个方面，一是跨国汽车企业在中国合资合作进一步增加；二是中国汽车企业开始踏出国门向其他国家投资并购、建厂或合作。

在国际汽车市场逐渐趋于饱和，而中国汽车市场潜力尚待挖掘的历史时期，之前先进入中国的跨国汽车企业积极布局并扩大生产规模，之前没有进入中国的跨国汽车企业开始进入并带动新一轮合资合作热潮。

---

[1] 佚名.2001年汽车总产量233.44万辆[J].轮胎工业，2002(04):62-63.

在这一阶段，北京现代汽车公司、东风本田汽车公司、广州丰田汽车公司、一汽马自达汽车公司等合资公司陆续成立，带动了国内零部件等相关产业的进一步发展，加速了中国汽车工业规模的发展和技术水平的提升，形成较为完善的汽车产业和产品结构。

在这一阶段，中国汽车产业规模不断提高，2009年汽车产量达到1 364万辆，首次在世界排名第一位，[1]并一直保持至今。在合资合作的基础上，中国汽车企业技术水平和运营水平较之前有了较大提升，中国汽车市场进入了"规模扩大—成本降低—技术提升—产业升级"的良性发展时期。

在新的市场竞争环境下，中国自主汽车企业充分运用本土资源等优势，抓住时代赋予的机遇，开始迅速成长。传统国有汽车企业在合资合作的同时，也开始注重自主汽车品牌的培育。面临新的市场形势，中国汽车企业保持既有竞争优势，开始探索进入国外市场，在国外投资建立生产工厂或直接并购国外汽车企业，如一汽集团、东风汽车、奇瑞汽车、长城汽车等开始在国外设立生产工厂，上汽集团投资收购韩国双龙汽车、吉利汽车投资收购沃尔沃汽车等，标志着中国汽车企业已经开始进入对外投资发展的新阶段。

3.2 中国汽车企业对外直接投资发展实践分析

中国汽车企业对外直接投资发展必须基于国内市场的发展，当前已经在对外直接投资取得一定实践绩效的汽车企业均为在国内汽车市场销量排名靠前的汽车企业。2019年，汽车销量排名前十位的企业集团销量合计为2 329.4万辆，同比下降6.7%，高于行业增速1.5个百分点，占汽车销售总量的90.4%，高于上年同期1.5个百分点。[2]国内各汽车企业

[1] 王常友.2009—2010年乘用车市场分析及预测 [J].上海汽车，2010(4):59-62.
[2] 申桂英.2019年汽车工业经济运行情况 [J].精细与专用化学品，2020，28(03):31.

在引进国外跨国汽车企业的合资合作过程中，积累了较多的管理经验和资本资源，具备了较为夯实的对外直接投资发展基础。

（1）一汽集团对外直接投资主要发展实践

一汽集团即原第一汽车制造厂，经过六十余年的发展，已成为中国汽车企业最大的集团之一。当前所属自主品牌汽车企业包括一汽解放、一汽轿车、一汽夏利和一汽吉林等；合资品牌汽车企业包括一汽大众（含一汽奥迪）、一汽丰田、一汽马自达、一汽通用等。2019年一汽集团全年共实现整车销售345.95万辆，占全国全国汽车市场份额的13.43%。[1]

一汽集团1984年开始海外事业，1992年启动对外直接投资，在坦桑尼亚合资建立了CA141解放卡车组装厂，这是一汽集团首次海外投资建厂。之后十年左右的时间里，又陆续在巴基斯坦、乌干达、越南、乌克兰、叙利亚、哈萨克斯坦和俄罗斯等地投资建立商用车系列组装基地，主要基于一汽解放品牌卡车出口的升级补充，是中国汽车企业早期在海外投资探索的先驱。2010年5月，一汽集团与中非发展基金共同组建了一汽非洲投资有限公司，合计出资1亿美元，一汽集团占股55%，在南非东开普省库哈工业区建立一个卡车KD（knocked down）组装厂，打造从生产、销售到售后完整的网络体系。[2]2011年，一汽集团在埃塞俄比亚建立了第一家海外工厂，以SKD（semi-knocked down）半散件组装的形式生产夏利小型车。2011年12月，一汽集团成立了海外事业部，标志一汽集团的国际化发展正式进入组织化、系统化的发展轨道。2012年2月，一汽集团在南非纳尔逊·曼德拉湾市，投资约5亿元人民币，建设卡车生产基地。[3]

---

[1] 中国一汽.财务与经营状况 [EB/OL].http://www.faw.com.cn/fawcn/fzlm/xxgkzl/2033277/index.html, 2019.

[2] 新华网.一汽与中非发展基金携手启动中国在非洲最大汽车产业投资项目 [EB/OL].http://www.faw.com.cn/fawcn/373694/373708/570769/index.html?isMobile=1, 2010-03-22.

[3] 新华社.一汽集团在非洲建生产基地生产卡车 [N].http://www.chinarta.com/html/2012-3/201231395808.htm, 2010-03-13.

（2）上汽集团对外直接投资主要发展实践

上汽集团是中国 A 股市场最大的汽车上市公司，是中国最早引入外资进行合资合作的汽车企业，在中国汽车市场连续多年保持领先优势。所属主要整车企业包括上海大众、上海通用、上汽通用五菱、南京依维柯、上汽依维柯红岩、上海申沃等。2019 年，上汽集团累计销量 623.8 万辆，占全国汽车市场份额的 24.21%，在全国汽车集团销量排名第一位。[1]

作为海外事业发展较早的汽车企业，上汽集团结合其自主品牌及商用车体系相对优势不明显的发展特点，主要采取对外直接投资并购的形式进行国际化发展。2002 年 10 月，上汽集团投资 5 970 万美元首次开展对外投资并购，参股 10%，参与通用大宇汽车收购项目。[2] 此后，2004 年 10 月，上汽集团投资 5 亿美元，参股 48.92%，投资并购重组韩国双龙汽车公司。2004 年 12 月，上汽集团出资 6 700 万英镑，与英国 MG 罗孚集团达成协议，购买 MG 罗孚集团技术核心知识产权和技术平台。2007 年，上汽集团在英国成立上海汽车英国控股有限公司，并收购 Ricardo2010 公司更名为上海汽车英国技术中心。2009 年，借全球金融危机时期，上汽集团出资 1 800 万英镑，完成对英国 LDV（Leyland DAF Vans）公司的资产收购，获得该公司轻型商用车领域技术，以拓展补充上汽集团商用车板块的短板。2010 年，上汽集团投资 4.9 亿美元，参与新通用汽车公司 IPO（Initial Public Offering），占股 0.97%，强化双方的战略合作。[3] 这一系列的对外直接投资行为，显现了上汽集团积极的海外战略导向。2012 年，上汽集团与泰国正大集团合资，投资约 18 亿元人民币，上汽集团占股 51%，在泰国建立合资公司，生产和销售上汽

[1] 上汽集团.上海汽车集团股份有限公司 2019 年年度业绩预告 [EB/OL].http://www.saicgroup.com/ m/tzzgx/ggb/lsgg/index.shtml，2020-01-14.

[2] 卫金桥.人才储备相对丰富 上汽汽车仍然面临资金缺口 [N]. 第一财经日报,2006-04-17.

[3] 凤凰网汽车.上汽购得通用 0.97% 股份，耗资 5 亿美元 [EB/OL].http://auto.ifeng.com/ roll/20101119/470086.shtml，2010-11-19.

集团 MG 系列产品。[1]2013 年，上汽集团在埃及与当地企业合作建立 CKD(Completely Knock Down) 工厂，以输出技术授权方式，生产荣威 750 车型。[2]2015 年，上汽集团与通用汽车公司在印度尼西亚合资成立 上汽通用五菱，投资金额约 42 亿元，将建厂生产五菱品牌旗下的多款 车型。[3]

（3）东风汽车对外直接投资主要发展实践

东风汽车的前身即原第二汽车制造厂，始建于 1969 年，目前已成 为拥有全系列卡车、客车、轻型商用车及乘用车产品的汽车企业。所属 自主品牌包括东风柳汽、东风小康、东风裕隆等，合资品牌包括东风日产、 东风标致和雪铁龙、东风本田、东风悦达起亚等。2019 年，东风汽车累 计销量 293.2 万辆，占全国汽车市场份额的 11.38%。[4]

2006 年 3 月，东风汽车成立了海外事业部，专门建立了明确的国 际化发展组织机构之后，并陆续在巴基斯坦、越南、泰国、马来西亚、 伊朗、埃及及乌克兰等国建立了 KD 组装工厂。2011 年，东风汽车成立 了海外第一家子公司——东风汽车俄罗斯有限公司，积极参与国际竞争， 逐步推进海外事业发展。2012 年，东风汽车收购了瑞典 TEngineering 公 司 70% 的股权，作为东风汽车在海外第一个研发基地，提供汽车电子控 制方面先进的技术支持和服务。2014 年 3 月，东风汽车向 PSA 入股 8 亿 欧元，持股 14%，与法国政府和标致家族并列成为 PSA 的第一大股东， 与 PSA 在国际业务、商品和技术协同等多方面开展战略合作，改变了中 国汽车企业也单一资本并购融入全球市场的局面，开创了用国内产能开

[1] 第一财经.上汽集团在泰国建立合资企业 总投资 18 亿元 [EB/OL].https://www.yicai.com/ news/2304118.html，2012-12-04.

[2] 每日经济新闻.荣威 750 借 MG 品牌进入埃及 [N].https://auto.huanqiu.com/article/9CaKrnJACVG, 2013-05-23.

[3] 网通社.五菱斥资 42 亿印尼建厂规划 年产能 15 万 [N].http://news.wehefei.com/ system/2015/02/03/010343855.shtml，2015-02-03.

[4] 经济观察网.东风集团 2019 年净利微跌至 128.58 亿，未来两年投资超 370 亿 [EB/OL].2020 年, http://www.eeo.com.cn/2020/0401/379990.shtml，2020-04-01.

拓国际市场的合资公司先例。同时，在研发合作方面采取了对等方式进行研发和知识产权共享，对中国汽车企业对外直接投资提供了新的实践思路。

（4）长安集团对外直接投资主要发展实践

长安集团是中国兵器装备集团公司和中国航空工业集团公司对旗下汽车产业进行战略重组，共同成立的一家特大型企业集团，具备了覆盖微车、轿车、客车、重卡、专用车等多品种产品谱系。自主品牌包括悦翔、奔奔、陆风、哈飞等，合资品牌包括长安福特、长安马自达、长安铃木、长安标致和雪铁龙等。2017 年，长安集团累计销量 287.2 万辆，占全国汽车市场份额 9.94%[1]。

长安集团海外事业开展较早，在 2007 年就以打造全球生产研发布局为目标，坚持推进其海外规划。2009 年在墨西哥与 Autopark 公司合资建立海外工厂之后，目前已在墨西哥、马来西亚、越南、伊朗、乌克兰和美国建立了 6 个海外工厂，并成为中国汽车企业第一个在美国建厂生产中国品牌汽车的企业，按其海外发展规划预计到 2020 年海外项目总投资累计 10 亿美元。此外，长安集团在研发的海外投资较为紧密，2003 年，长安汽车在意大利都灵成立了中国第一个海外汽车研发中心。2008 年，在日本横滨成立了第二个海外汽车研发中心。之后，2010 年于英国诺丁汉、2011 年于美国底特律分别成立了第三、第四个海外汽车研发中心。加之长安集团在国内的五处研发中心，形成了 24 小时不间断的"五国九地"研发布局。

（5）北汽集团对外直接投资主要发展实践

北汽集团成立于 1958 年，目前主要包括北京福田、北京奔驰和北京现代三大板块，自主品牌包括福田、北京、绅宝等，合资品牌包括北京奔驰、北京现代等。2019 年，北汽集团累计销量 226 万辆，占全国汽

---

[1] 中商产业研究院 .2017 年长安汽车销量分析：全年销量破百万 旗下多款车型下滑 [EB/OL].https://www.askci.com/news/chanye/20180119/162547116407.shtml，2018-01-19.

车市场份额的 8.77%。[1]

北汽集团对外直接投资兼具对外投资并购和对外投资建厂两种主要方式，2009 年 12 月，北汽集团投资 1.97 亿美元完成对瑞典萨博汽车公司（saab motor manufacturing company）相关知识产权的收购工作。在对外投资建厂方面，基于其自主乘用车品牌优势尚不明显，前期海外事业拓展主要以商用车为主，2011 年 4 月，北汽福田投资人民币 24.7 亿元，在印度马邦建立首家独资汽车工厂。2011 年 11 月，北汽集团与俄罗斯 AMS（auto motor systems）集团合资成立 BAW（beijing automotive works）罗斯汽车有限公司，负责北汽集团商用车组装、制造和销售。2012 年 11 月，北汽集团与南非工业发展公司合资组建北汽南非公司，建立微型客车 SKD 组装工厂。2012 年 9 月，北汽福田投资 3 亿美元，建立在巴西的首家工厂，2013 年再投资 6.7 亿元建立第二家整车厂。2013 年，北汽福田陆续在东非建立了 KD 生产基地，在印度建立了首家独资汽车厂。2014 年北汽集团在美国投资收购新能源电动汽车公司 Atieva 的 25.02% 股份，成为该公司第一大股东。2015 年，北汽集团投资 3 亿元在马来西亚建设整车生产基地，规划投产多款新能源电动车。2016 年北汽集团与南非工业发展公司合资，总投资 8 亿美元，建设成立北汽集团第一座海外整车制造工厂——北汽南非工厂，这也是目前南非投资额最大的汽车制造厂。目前，北汽集团已在 20 多个海外国家建厂或成立合资企业，并于 2015 年在美国硅谷和德国亚琛，2016 年在美国底特律、西班牙巴塞罗那、德国德累斯顿、日本东京、意大利都灵 5 个海外国家地区分别建立起新能源汽车研发中心。

（6）广汽集团对外直接投资主要发展实践

广汽集团成立时间较晚，其前身是成立于 1997 年 6 月的广州汽车集团有限公司。在中国大型国有控股汽车集团中，广汽集团首家实现

---

[1] 新京报 .2019 年北汽集团经营业绩公布，整车产销达 226 万辆 [N].http://baijiahao.baidu.com/s?id= 1654991871046602338&wfr=spider&for=pc，2020−01−06.

A+H 股整体上市。目前集团旗下自主品牌包括广汽传祺、广汽日野等，合资品牌包括广汽本田、广汽丰田、广汽三菱、广汽菲克等。2019 年，广汽集团汽车累计销量 206.22 万辆，占全国汽车市场份额的 7.99%。[1]

广汽集团海外事业启动较晚，目前还处于起步阶段，2016 年 10 月，广汽传祺在尼日利亚建立了首个海外 SKD 工厂。按照广汽集团十三五规划中的国际化发展方向，将借助国家"一带一路"倡议，加速在东南亚、东欧及非洲等市场海外布局，计划在伊朗、俄罗斯等地投资建立海外生产基地。此外，还将在美国投资设立北美研发中心，加强技术开发储备，推进国际化进程。

（7）长城汽车对外直接投资主要发展实践

长城汽车成立于 1984 年，是中国首家在香港 H 股上市的民营整车汽车企业、国内规模最大的皮卡 SUV 专业厂，拥有哈弗和长城两个自主品牌，产品涵盖 SUV、轿车、皮卡三大品类。2017 年，长城汽车累计销量 106 万辆，占全国汽车市场份额的 4.11%。[2]

长城汽车从 1997 年开始向中东出口皮卡，拉开进军海外事业的序幕，在产品出口贸易的基础上，长城汽车采取从 KD 组装到逐渐建立本地化生产基地的海外发展模式。2006 年 3 月，长城汽车在俄罗斯建立了 KD 组装厂，是中国汽车品牌在俄罗斯建立的首家汽车 KD 组装厂。2007 年以来，长城汽车陆续在菲律宾、越南、塞内加尔、马来西亚、伊朗、保加利亚、埃塞俄比亚、埃及、斯里兰卡、苏丹、厄瓜多尔等国与当地合作伙伴建立了 20 余家 KD 组装厂，其中 2012 年 2 月与保加利亚利泰克斯汽车共同投资建成的保加利亚 KD 工厂，是中国汽车品牌在欧盟国家建立的首家汽车 KD 工厂。2014 年 8 月，长城汽车在俄罗斯图拉州乌兹洛瓦亚工业园投资 180 亿卢布（约合人民币 32 亿元），建立长城

[1] 太平洋汽车网 . 广汽集团公布 2019 年销量 累计超 206 万辆 [EB/OL].https://baijiahao.baidu.com/s?id=1655018221135522377&wfr=spider&for=pc，2020-01-07.

[2] 中国经营报 . 长城汽车：2019 年全球销量超 106 万辆 再创多个第一 [EB/OL].https://baijiahao.baidu.com/s?id=1655329853257835816&wfr=spider&for=pc，2020-01-10.

汽车海外首家全工艺整车工厂。2016年1月，长城汽车在日本投资设立长城日本技研株式会社，成为长城汽车第一个海外技术中心，也是长城汽车进一步整合全球优势资源、加速对外直接投资进程的里程碑。

（8）吉利汽车对外直接投资主要发展实践

吉利汽车始创于1986年，在1997年正式进入汽车产业，是中国第一家民营轿车企业，目前旗下拥有吉利汽车、沃尔沃汽车、伦敦出租车等品牌，拥有10余个系列、30多款整车产品。2019年，吉利汽车累计销量136.16万辆，占全国汽车市场份额的4.52%。[1]

吉利汽车海外事业开展较晚但发展速度较快，主要以海外并购的方式取得了一个接一个的对外直接投资业绩。2003年首批轿车出口海外，2005年5月与马来西亚IGC（international globalization capital）集团开展CKD项目合作。2006年10月，吉利汽车联合上海华普与英国锰铜控股公司（manganese bronze holdings）在英国伦敦合资生产英伦出租车，开启了中外合资造车的新模式。2007年1月，吉利汽车建立乌克兰SKD组装工厂，实现吉利汽车海外生产零突破。2009年3月，吉利汽车完成首个海外并购，投资2.57亿港元成功收购了澳大利亚DSI——全球第二大自动变速器公司。2010年3月，吉利汽车投资18亿美元收购了瑞典沃尔沃轿车公司的100%股权与相关资产（包括知识产权），创造了中国民营企业单笔最大金额的海外汽车收购项目。2013年2月，吉利汽车投资1 104万英镑，收购了英国锰铜控股的业务与核心资产（包括知识产权等）[2]。2015年，吉利汽车在英国投资5 000万英镑（约合人民币4.9亿元）建设前沿技术研发中心和新工厂，并对冰岛碳循环国际公司CRI（Carbon Recycling International）进行总额4 550万美元（折合人民币2.8亿元）投资，成为该公司主要股东，研究可再生甲醇技术，研发甲

---

[1] 新京报.2019年吉利汽车累计销量为136.16万辆[N].https://baijiahao.baidu.com/s?id=165498242655 5354993&wfr=spider&for=pc，2020-01-06.

[2] 中国日报.耗资1104万英镑 吉利吞下英国锰铜[N].http://caijing.chinadaily.com.cn/2013-02/04/ content_16198819.htm，2013-02-04.

醇燃料汽车[1]。目前，吉利汽车除在中国国内之外，还在瑞典哥德堡、西班牙巴塞罗那、美国加州设立了造型设计中心，构建了全球造型设计体系。并在瑞典哥德堡设立了吉利汽车欧洲研发中心，在汽车新技术领域实现与国际接轨，以满足吉利汽车未来国际化的产品市场需求。2017年6月，吉利以总金额约为1.8亿美元完成对宝腾汽车49.9%股份与路特斯汽车（英国莲花）51%股份的收购。2017年11月，吉利收购了美国硅谷的Terrafugia飞行汽车公司的全部资产和技术。12月，吉利以33亿美元收购沃尔沃集团（AB Volvo）8.2%的股权，成为其第二大股东，获得了15.6%的投票权。2018年3月，吉利再耗资90亿美元，约合570亿元人民币，通过旗下海外企业主体以海外资本收购了德国戴姆勒股份公司9.69%具有表决权的股份，成为其第一大股东[2]。

（9）比亚迪汽车对外直接投资主要发展实践

比亚迪汽车创立于1995年，是一家拥有IT、汽车及新能源三大产业群的高新技术民营企业，2003年正式进入汽车产业，以燃油汽车、双模电动汽车及纯电动汽车为主要产品系列，是中国自主品牌汽车和新能源技术汽车的主力企业。2017年，比亚迪汽车累计销量41万辆，占全国汽车市场份额的1.42%。[3]

2010年4月，比亚迪汽车投资收购日本荻原公司馆林模具工厂，以世界级的模具生产设备和相关技术提升自有车辆工艺水平之后，主要通过其自身电池技术与汽车制造相整合的核心优势，在全球范围内逐渐拓展其新能源交通技术应用[4]。2012年12月，比亚迪汽车在保加利亚

[1] 中国新闻网.吉利新能源4550万美元押宝甲醇[EB/OL].https://www.chinanews.com/auto/2015/07-07/7389803.shtml，2015-07-07.

[2] 中国经济网.吉利海外并购已投超140亿美元 距世界前三有多远?[EB/OL].http://finance.cnr.cn/gundong/20180301/t20180301_524148322.shtml，2018-03-01.

[3] 太平洋汽车网.比亚迪公布2019销量数据 累计销量45.1万辆[EB/OL].https://baijiahao.baidu.com/s?id=1655158087432327617&wfr=spider&for=pc，2020-01-08.

[4] 搜狐汽车.比亚迪收购日本荻原公司旗下大型模具厂[EB/OL].http://auto.sohu.com/20100408/n271364612.shtml，2010-04-08.

与 Bulmineral 公司以对等比例成立电动大巴合资公司，是比亚迪在海外成立的第一个电动车合资公司，也是欧洲第一个电动大巴合资公司 [1]。2013 年 5 月，比亚迪汽车在美国南加州兰开斯特市投资建立电动大巴生产工厂和配套的动力电池工厂，成为比亚迪汽车首家海外独资工厂 [2]。2013 年 7 月，比亚迪汽车在巴西投资 9 100 万美元设立拉美地区首座电动大巴工厂，同时设立研发中心和原型车制造中心 [3]。2016 年 10 月，比亚迪汽车在匈牙利投资 2 000 万欧元建造电动车工厂，是中国汽车品牌在欧洲建立的首个新能源电动汽车生产基地 [4]。

3.3 中国汽车企业对外直接投资发展特征分析

中国汽车企业自合资以来高速发展的三十多年，是对外直接投资发展的重要基础，积累了资源、探索了路径。通过中国汽车企业长期的对外出口贸易，进入相关国家了解其汽车市场状况及汽车产品需求，以相对差异化的产品输出保障了较为稳定的市场份额，进而伴随开展相应的对外直接投资活动。在此期间，中国国家政策也在对外直接投资方面给予持续的支持，优化设立相对宽松的政策环境、简化境外投资审核审批流程、适度放松境外投资审批力度等，在上述的中国汽车企业对外直接投资实践中可以看到，近十年来，中国汽车企业进行了大量的对外直接投资探索，境外合资合作、境外绿地投资、境外投资并购等，在此过程中体现了不同的发展特征，获得了丰富的发展经验和教训。

[1] 财新网. 比亚迪在保加利亚建厂生产纯电动大巴 [EB/OL].https://companies.caixin.com/2012−12−13/100472110.html，2012−12−13.

[2] 新浪汽车. 比亚迪宣布于美国成立铁电池及电动大巴工厂 [EB/OL].http://auto.sina.com.cn/car/2013−05−02/10351148642.shtml，2013−05−02.

[3] 中国新闻网. 比亚迪电动项目"入籍"巴西 首期投资约 9100 万美元 [EB/OL].https://www.chinanews.com/ny/2014/07−30/6438724.shtml，2014−07−30.

[4] 中国汽车报网. 欧洲首座中国品牌电动车厂落户匈牙利 [EB/OL].http://www.cnautonews.com/gjqc/inter_qy/201610/t20161011_497251.htm，2016−10−12.

3.3.1 中国汽车企业对外直接投资与汽车出口互辅互补

（1）中国汽车企业对外直接投资基于对外出口贸易的发展

中国汽车企业对外出口主要开始于 20 世纪 90 年代后期，在 2000 年之前都在 2 万台以下的规模水平，仅占中国汽车市场销量的 1% 左右。2005 年开始，中国汽车企业对外出口量突破至 10 万台以上，并进入了一个持续增长的阶段，直到 2012 年进一步突破至 100 万台以上，期间占中国汽车市场销量比例于 2008 年达到峰值 7.26%。2008 年金融危机后，国际汽车市场萎缩，中国汽车企业出口量出现较大幅度下滑，在 2009 年到 2012 年略有回升后，又呈现连续多年下滑态势，同期中国汽车企业对外直接投资建厂与并购开始增长。中国汽车出口量与总销售量比例的趋势表现如图 3.1 所示。

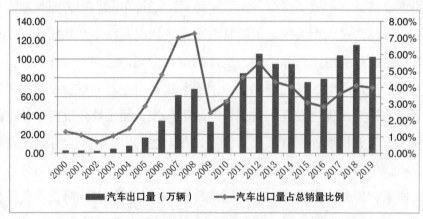

图 3.1 中国汽车出口量与占总销量比例的趋势表现
资料来源：根据中国汽车工业信息网站数据整理。[1]

对中国汽车企业而言，以汽车出口方式先行了解目标国家市场，可以在培育持续稳定的汽车销售渠道之后再开展对外投资，相对直接开展对外直接投资进入的方式风险较小。但汽车出口的方式发展不利于持续

---

[1] 中国产业信息网 .2019 年中国汽车产销量及出口量分析 [EB/OL].https://www.chyxx.com/industry/202001/830000.html，2020−01−16.

渗透和后续进一步扩展占领目标市场，此外，容易受到东道国的贸易及关税政策影响，在某些情况下汽车成本要高于属地化生产模式产生的成本。国际跨国汽车企业在中国进行合资合作的历史实践也证实在早期出口之后，将汽车生产基地设立在具有市场潜力、低劳动力成本等优势的国家进行属地化生产，有助于推动企业国际化竞争力和效益的提升。

中国汽车企业的对外直接投资活动除一汽集团等少数老牌企业在初期的少量探索外，主要于 2005 年之后开始，都是中国汽车企业多年发展和对外出口积累的集中体现，通过选择出口量较大的国家或地区进行对外投资，开展合资合作或独资 KD 工厂建设，通过属地化生产带动当地和周边地区的产品销售，之后再逐步实现属地化的设计、研发、制造、销售及售后等全流程工艺工厂的建立。对于实力相对雄厚的大型汽车集团，则可以通过直接投资并购国外属地化的汽车企业，实现对其生产技术、设备、工厂、品牌、人力及渠道的全系列平台的收购整合，进而快速的实现属地化汽车生产经营运作。

（2）中国汽车企业对外直接投资区域主要源于对外出口的选择

中国汽车企业对外出口的主要车型包括商用车系列及中低端自主品牌车型，出口的目标市场主要集中于非洲、中东、东南亚、南美、俄罗斯等区域。在 2010 年之前，中国汽车企业出口地区除亚洲周边国家外，主要是对非洲国家出口增长较快。2011 年又转向巴西、俄罗斯等市场规模较大的国家，但由于出口国家产业政策、法律环境等不稳定，存在贸易保护、非关税壁垒等限制性因素，中国汽车企业在出口国别方面也存在变化，但在总体上保持稳定。截止到 2015 年，受到部分国家政策变化影响，中国汽车企业减少对巴西、俄罗斯的出口，目前出口区域以东南亚、南美和非洲为主。由于发达国家对汽车市场进入的技术认证标准、安全标准、排放标准等要求较高，中国汽车企业对发达国家和地区汽车市场的出口量较少，目前正在有针对性改善和提升并逐步小批量的进入发达国家汽车市场。

中国汽车企业对外直接投资区域方面主要源于出口市场选择，集中在相应的发展中国家和区域，结合东道国的相应贸易政策变化，适时开展绿地投资设厂，如伊朗、南非、巴西、俄罗斯等都是中国汽车企业对外投资的热点国家和区域，并能够与中国汽车企业对外出口形成互补的效果，加速中国汽车品牌的国际化开拓与推广。

3.1.2 中国汽车企业对外直接投资受国家政策影响明显

(1) 中国汽车企业对外直接投资相关国家政策情况

改革开放以来，中国社会各界开展国际经济合作日益增多，在国家政策导向下，开始走出国门开办企业或积极招商引资，中国汽车企业在此阶段快速发展并进行了大量的引资合作探索，但在 2000 年之前，还主要以"引进来"为主。

2000 年，在《中共中央关于制定国民经济和社会发展第十个五年计划的建议》中，在全国人大九届三次会议上，"走出去"战略首次提高到国家战略层面。

2001 年，在《国民经济和社会发展第十个五年计划纲要》中，中国政府将 "走出去"战略正式纳入，并就鼓励对外直接投资、积极扩大国际经济技术合作、深入发展对外承包工程和劳务合作、鼓励企业利用国外智力资源、大力支持有实力的大型、中小型企业开展跨国经营、健全对外直接投资服务体系、完善境外投资企业法人治理结构和内部约束机制等方面提出了具体要求。

此后，中国政府就"走出去"战略出台了一系列的政策及指导性文件，促进中国企业海外发展。本书从与中国汽车企业对外直接投资相关的角度考虑，在对大量政策法规进行整理的基础上，筛选列出 40 项主要政策法规如表 3.1 所示。

表 3.1 指引规范中国汽车企业对外直接投资的主要政策法规

发布时间	发布机构	政策名称
2002	对外贸易经济合作部联合其他部委	对外直接投资统计制度
2002	对外贸易经济合作部、国家外汇管理局	境外投资联合年检暂行办法
2002	对外贸易经济合作部	境外投资综合绩效评价办法（试行）
2003	商务部	关于做好境外投资审批试点工作有关问题的通知
2004	国家发改委	汽车产业发展政策
2004	国家发改委	境外投资项目核准暂行管理办法
2004	商务部	关于境外投资开办企业核准事项的规定
2004	商务部	外派劳务人员培训管理办法
2004	商务部	国别投资经营障碍报告制度
2004	国家发改委、中国进出口银行	关于对国家鼓励的境外投资重点项目给予信贷支持政策的通知
2005	商务部	境外投资开办企业核准工作细则
2005	商务部、国家外汇管理局	企业境外并购事项前期报告制度
2005	商务部、国家外汇管理局	关于调整境内银行为境外投资企业提供融资性对外担保管理方式的通知
2005	国务院办公厅	关于加强境外中资企业机构与人员安全保护工作的意见
2007	商务部、财政部、人民银行、全国工商联	关于鼓励支持和引导非公有制企业对外投资合作的若干意见
2008	商务部、外交部、国资委	关于进一步规范中国企业对外投资合作的通知
2009	商务部	境外投资管理办法
2009	国家外汇管理局	境内机构境外直接投资外汇管理规定
2010	商务部、中国出口信用保险公司	关于加强境外经济贸易合作区风险防范工作有关问题的通知
2010	商务部、外交部、国家发改委、公安部、国资委、安全监管总局、全国工商联	境外中资企业机构和人员安全管理规定
2010	商务部	对外投资合作境外安全风险预警和信息通报制度
2011	商务部、外交部、国资委、全国工商联	境外中资企业（机构）员工管理指引
2011	国资委	中央企业境外国有产权管理暂行办法

续表

发布时间	发布机构	政策名称
2011	国资委	中央企业境外资产监督管理暂行办法
2011	商务部、发展改革委、科技部、工业和信息化部、财政部、环境保护部、海关总署税务总局、质检总局、知识产权局	关于促进战略性新兴产业国际化发展的指导意见
2012	商务部	境外中资企业机构和人员安全管理指南
2012	国资委	中央企业境外投资监督管理暂行办法
2013	工业和信息化部、发展改革委、财政部、人力资源和社会保障部、国土资源部、商务部、中国人民银行、国资委、国家税务总局、国家工商总局、中国银监会、中国证监会	关于加快推进重点行业企业兼并重组的指导意见
2013	商务部、环保部	对外投资合作环境保护指南
2013	商务部	规范对外投资合作领域竞争行为的规定
2013	商务部、外交部、住房城乡建设部、卫生计生委、国资委、安全监管总局	对外投资合作境外安全事件应急响应和处置规定
2013	商务部、外交部、公安部、住房城乡建设部、海关总署、国家税务总局、国家工商总局、国家质检总局、国家外汇局	对外投资合作和对外贸易领域不良信用记录试行办法
2013	商务部	关于加强对外投资合作在外人员分类管理工作的通知
2014	商务部	境外企业知识产权指南（试行）
2014	商务部	境外投资管理办法
2015	发展改革委、外交部、商务部	推动共建丝绸之路经济带和21世纪海上丝绸之路的愿景与行动
2015	国务院	关于推进国际产能和装备制造合作的指导意见
2016	发展改革委	境外投资项目核准和备案管理办法
2016	工业和信息化部	工业和信息化部关于废止加强汽车生产企业投资项目备案文件的通知
2016	工业和信息化部	工业和信息化部关于印发《促进中小企业国际化发展五年行动计划（2016—2020年）》的通知

资料来源：根据工业和信息化部、商务部等政府网站公布的相关政策法规整理。

根据表 3.1 中政策法规在中国汽车企业对外直接投资中所发挥的作用，主要可分为以下几类。

①简化境外投资程序，提升境外投资效率

2004 年，商务部颁布《境外投资项目核准暂行管理办法》，与以往制度相比，改境外投资项目审批制为核准制，将原来项目建议书和可行性研究报告两道审批改为一项只核准项目申请报告，简化了企业申请报告内容，根据不同投资额度从中央到地方、再到企业逐层下放核准权限，提高了境外投资效率。

2005 年，商务部发布《境外投资开办企业核准工作细则》，是在《境外投资项目核准暂行管理办法》的基础上，依据市场化原则、投资体制改革精神和政府职能转变的要求，提出了在境外投资及并购过程中商务主管部门核准时需要重点把握的具体内容，明确了我国鼓励和支持境外投资的方向和领域以及禁止的领域，进一步完善了境外投资管理体制，促进境外投资的快速发展。

2016 年，国家发改委颁布了《境外投资项目核准和备案管理办法》，对之前政策中规定的境外投资核准权限进行了大幅削减和下放，修改现行核准机制为主要以备案为主的管理方式（对于 3 亿美元以上境外项目保留项目信息报告制度），规定了简便的备案流程并可通过互联网操作完成，极大简化了中国企业境外投资流程，有利于解决境内审批程序与境外交易时间之间的冲突问题，为企业进行境外投资带来极大便利。

②引入金融体系支持，推动企业境外投资发展

2004 年，国家发展和改革委员会、中国进出口银行联合发布《关于对国家鼓励的境外投资重点项目给予信贷支持政策的通知》，设置境外投资专项贷款用于支持国家鼓励的境外投资重点项目，为中国企业进行境外投资提供信贷优惠支持。

2005 年，商务部、国家外汇管理局联合发布《关于调整境内银行

为境外投资企业提供融资性对外担保管理方式的通知》，对为境外投资企业提供融资性对外担保的银行实行余额管理，无须逐笔向国家外汇管理局及其分支局报批，为了中国企业境外投资活动提供融资担保条件便利。

2009 年，国家外汇管理局印发《境内机构境外直接投资外汇管理规定》，将境外直接投资外汇资金来源由事前审查改为事后登记，取消了境外直接投资资金汇出核准及购汇额度的限制，有利于国内企业及时把握投资时机，促进境外直接投资效率的提高。

③加强境外投资引导，促进服务体系建设

2004 年，国家发改委发布《汽车产业发展政策》，提出汽车产业发展导向，鼓励汽车生产企业开展国际合作、参与国际产业分工，支持大型汽车企业集团与国外汽车集团联合兼并重组国内外汽车生产企业，适应汽车生产全球化趋势。

2008 年，商务部、外交部、国资委联合下发的《关于进一步规范中国企业对外投资合作的通知》，站在维护国家形象和社会稳定的高度，要求对外投资企业树立"互利共赢、共同发展"的经营理念，认真履行必要的社会责任，发挥中央企业的表率作用，有效避免各类损害国家和企业利益的事件发生。

2011 年，商务部、国家发展改革委等 10 部门印发《关于促进战略性新兴产业国际化发展的指导意见》，提出突出产业特点、明确发展方向，利用全球创新资源和国际市场，推动创新基地建设，提升创新能力建设。特别提出要推动传统汽车制造企业向新能源汽车领域发展，培育本土龙头企业和新能源汽车跨国公司，鼓励新能源汽车零部件企业"走出去"，在海外投资建厂。

2015 年，国务院发布《关于推进国际产能和装备制造合作的指导意见》，提出要适应经济全球化新形势，把握国际经济合作新方向，将我国产业优势和资金优势与国外需求相结合。把汽车纳入推进国际合作的重点行业，鼓励通过境外设厂等方式，加快自主品牌汽车走向国际市场，积极开拓发展中国家汽车市场，在欧美发达国家设立汽车技术和工程研发中心，提高企业"走出去"能力和水平。

（2）中国汽车企业对外直接投资受国家政策引导变化情况

从中国汽车企业对外直接投资发展历程和实践来看，2000年国家"走出去"战略提出之前，仅有个别企业开展了对外直接投资，如一汽集团1992年在坦桑尼亚的对外直接投资建厂项目。2004年《汽车产业发展政策》《境外投资项目核准暂行管理办法》颁布后，中国汽车企业对外直接投资实践数量开始有所提升，如上汽集团2004年收购双龙汽车、收购英国MG罗孚核心知识产权和技术平台，长城汽车2006年在俄罗斯建立KD工厂等。2009年《境内机构境外直接投资外汇管理规定》印发后，境外投资外汇管制放松以及金融危机后国际汽车企业受到较大冲击等因素，促进中国汽车企业对外直接投资实践上升到一个新阶段，一汽集团、上汽集团、东风集团、长安集团、长城汽车、吉利汽车、比亚迪汽车等在这一时期均有较多的对外直接投资表现。2015年，《关于推进国际产能和装备制造合作的指导意见》及2016年《境外投资项目核准和备案管理办法》发布之后，国家层面将汽车纳入国际合作重点行业，且对外直接投资程序更加简便，预计中国汽车企业将根据自身发展需要开展更多的对外直接投资活动。部分中国汽车企业各年主要对外直接投资项目数量及趋势表现如图3.2所示。

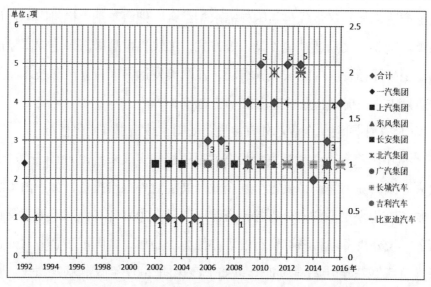

图 3.2 部分中国汽车企业各年主要对外直接投资项目数量及趋势表现
资料来源：根据各汽车企业网站公开信息整理。

3.1.3 中国汽车企业对外直接投资开始较晚但增长迅速

自 2002 年中国对外直接投资统计制度发布以来，记录的中国企业对外直接投资总额不断增加，从 2003 年的 28.5 亿美元持续增加至 2019 年的 1 369.1 亿美元，年均复合增长率达 29.45%。其中制造业（主要包括汽车制造业，计算机、通信及其他电子设备制造业，化学原料和化学制品制造业，专用设备制造业，橡胶和塑料制品业，医药制造业，其他制造业，纺织业，铁路、船舶、航空航天和其他运输设备制造业，非金属矿物制品业等）对外直接投资总额，从 2003 年的 6.2 亿美元增加至 2019 年的 142.7 亿美元，年均复合增长率达 23.25%，[1] 如图 3.3 所示。

---

[1] 中华人民共和国商务部 .2019 年度中国对外直接投资统计公报 [EB/OL].http://hzs.mofcom.gov.cn/ article/date/202009/20200903001523.shtml，2020−09−16.

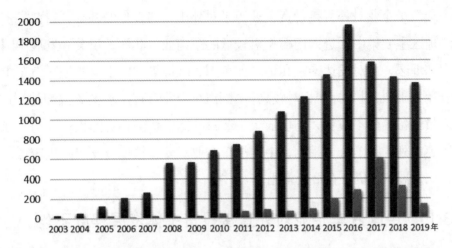

图 3.3 2003—2019 年中国对外直接投资总额与制造业对外直接投资总额变化情况
资料来源：根据中华人民共和国商务部各年度《中国对外直接投资统计公报》整理。

中国汽车行业对外直接投资自 2014 年才出现中国政府官方公开的统计数据，截至 2014 年，中国汽车行业对外直接投资总额为 40.1 亿美元，境外设立企业约 230 家。回顾 2003 年之前，中国汽车企业对外直接投资几乎没有规模化的投资行为，在境外设立的企业仅是个位数。根据 2014 年的联合国贸发会议统计，全球排名前 100 名的非金融类跨国公司平均海外资产为 826.6 亿美元，海外资产占资产总额的比重为 60%，中国排名前 100 名的非金融类跨国公司平均海外资产为 89.3 亿美元，而其中汽车企业仅有上汽和东风两家，分别位列第 39 名和第 76 名。[1]

虽然在十余年的时间里，中国汽车企业通过绿地投资设厂、境外投资并购或参股以及对外投资设立研发中心等形式，到目前各主要汽车企业已在国外设立了多家生产工厂和研发机构，甚至并购了世界知名的汽车品牌企业或核心技术，取得了快速的发展绩效。但从发展程度来看，

---

[1] 中国商务部投资促进事务局，德勤 . 汽车产业投资促进报告 2014[R/OL]. https://www2.deloitte.com/cn/zh/pages/manufacturing/articles/2014-automotive-industry-investment-promotion-report.html，2015.

中国汽车企业对外直接投资主要源于对外出口与合作的基础，目前投资的地区主要集中于进入门槛相对较低的东南亚、非洲、拉美等发展中国家和地区，而对发达国家和地区如美国、欧洲等，由于这些地区汽车市场竞争激烈，进入标准相对较高，中国汽车企业自有技术水平、管理能力、人员储备等尚不成熟，还仅限于少数具有比较优势企业的投资。与全球排名前列的跨国公司相比，中国汽车企业对外直接投资发展起点较低，整体发展水平仍存在很大差距。

3.1.4　中国汽车企业对外直接投资主体发展程度不均

从投资主体的角度来看，中国企业对外直接投资的主体主要可分为国有企业和非国有企业两大类。截至 2019 年末，中国对外非金融类投资存量的 19 443.5 亿美元中，中央企业和单位对外非金融类直接投资流量 272.1 亿美元，同比增长 18%；地方企业 897.4 亿美元，同比下降 8.7%，占全部非金融类投资额的 76.7%，较上年下降 4.3 个百分点。中国对外非金融类投资总额中，非公有经济控股的境内投资者对外投资为 588.7 亿美元，同比下降 22.2%，占 50.3%；公有经济控股对外投资为 580.9 亿美元，同比增长 27%，占 49.7%。[1]

中国汽车企业对外直接投资主体结构也呈现多元化的发展趋势，以国有企业和民营企业为主要投资主体，在对外直接投资过程中发挥了积极的作用。随着国家政策鼓励中国汽车企业兼并重组，产业结构进一步优化调整，大型企业集团逐渐形成，并开始国际化探索。一类是国有企业，如一汽集团、上汽集团、东风集团、长安集团等，在对外直接投资过程中起到重要的引导效应，成为中国汽车企业对外直接投资的排头兵。与此同时，一些民营企业也在成为对外直接投资的新兴力量。在国家汽车产业政策和境外投资政策的双重推动下，对外直接投资建厂与并购的发

---

[1] 中华人民共和国商务部 .2019 年度中国对外直接投资统计公报 [EB/OL].2020 年，http://hzs. mofcom.gov.cn/article/date/202009/20200903001523.shtml，2020-09-16.

起方逐渐从早期的大型国有企业集团转向行业领先的部分民营企业，投资区域也逐渐从先前的发展中国家向成熟的欧美市场渗透，并在对外直接投资过程中取得了良好绩效，如长城汽车、吉利汽车、比亚迪汽车等。然而，还有部分汽车企业由于自身发展策略或未形成自身相对优势等原因，在对外直接投资领域仍是空白，或仅进行了少量的对外直接投资，如华泰汽车、众泰汽车、汉腾汽车等。

3.2 本章小结

本章研究梳理了中国汽车企业从中国汽车工业建立开始的基础发展、到改革开放后的全面提升、出台产业政策后的快速发展和加入 WTO 后的外向探索四个阶段。在这一期间，中国汽车企业经历了近二十年的高速发展，并在这一系列发展过程中孕育了中国汽车企业对外直接投资的产生、探索与发展，形成了当前世界第一大汽车市场的发展局面。

通过对中国汽车企业对外直接投资发展实践的总结提炼，发现早期的汽车企业大多以较具实力的商用车体系为主，较早开展了对外直接投资，并在雄厚的资金积累基础上，选择性并购了国外的部分汽车企业，不断扩大对外直接投资规模。近年来则多运用自身的相对优势，在性价比高的自主品牌车型、被发达国家接受的新能源车型以及具有技术优势的国外汽车企业等方面进行了对外直接投资或并购。此外，中国汽车企业在对外直接投资发展的过程中，都比较注重技术的获取和升级，多在海外设立研发机构以支撑企业国际竞争力的持续发展。

本章系统地分析总结了中国汽车企业对外直接投资发展的整体特征。中国汽车企业的对外直接投资发展主要基于中国汽车出口发展起来，在对外直接投资方向和进度上受到国家政策导向影响较为明显；从发展过程角度来看，中国汽车企业对外直接投资发展速度快但整体仍处于发展的初级阶段，且呈现出发展主体多元化和发展程度不平衡的主要特点。

第四章 中国汽车企业对外直接投资模式分析

对外直接投资模式的决策是中国汽车企业进行海外扩张的关键环节，对汽车企业未来海外事业的发展产生重要而深远的影响。对外直接投资模式的研究分析，本质上主要是为了借鉴国内外相关理论研究成果，对中国汽车企业当前对外直接投资模式现状进行梳理、分类和分析，判断哪些因素会影响对外直接投资模式的选择，并在影响因素既定时，比较分析对外直接投资模式的优劣，力图结合中国汽车企业对外直接投资模式实践，概括提炼出一般性的参考规律并进一步提出有益的决策建议。

4.1 企业对外直接投资基本模式选择类型

企业在对外直接投资过程中，基于不同的投资目的和发展战略、不同的投资环境与发展阶段、东道国的经济水平、被投资主体的行业规模等，投资进入模式也存在差异，主要有绿地投资、跨国并购两种。

（1）绿地投资

绿地投资（greenfield investment）又称为创建投资、新建投资，是指跨国公司在国外的市场上采取新场所、新设备投资的一种起始投资方式。

具有较强竞争优势的公司，往往试图通过绿地投资的方式来利用自己的长处，因为它是公司优势转移到海外市场的最有效的投资方式，并可以通过这种方式推广其既有的最佳做法。

绿地投资是对外直接投资中较为常见的一种形式，通常认为绿地投资可以带来新的经济增量，如带来新的投资、新的就业、新的技术等。绿地投资有助于改善东道国的经济发展水平，与其他投资形式相比，大多数发展中国家更倾向于接受此种形式。

（2）跨国并购

跨国并购（cross-border mergers and acquisitions）是指一国公司为了某种目的，通过一定的渠道或支付手段，将另一国公司的全部资产或足够其行使经营控制权的股份购买下来，通常包括跨国兼并和跨国收购两种方式。跨国并购的主体包括两个及以上国家的公司，即并购公司与被并购公司，实施跨国并购主要是并购公司从其公司全球发展战略的角度，为实现更高的经济利益而采取的行为。[1]

跨国并购的形式对于并购公司与东道国而言，具有双向选择性，并购公司需要依据其公司发展战略，匹配研究并购对象的发展阶段和收益情况，在选择确定并购目标后，方可实施此种投资方式，实现其整合国外优质资源、扩充核心竞争力的目的。而东道国对于跨国并购的接受程度也存在不同，部分认为跨国并购这种形式可能会对东道国国内的产业市场结构产生不利影响，并购公司可能导致行业垄断等行为。因此，一方面，东道国会采取限制措施减少跨国并购；另一方面，会制定针对跨国并购的相应政策，降低其对市场结构及行业竞争的负面影响。

跨国并购的支付手段主要包括现金收购、股票替换、债券互换三种方式及其混合组合。此外，在实际对外直接投资过程中，技术投资方式也是跨国并购的一种支付手段，主要是并购公司拥有相对的技术优势，并将此种优势作为投资并购的方式取得被并购公司的部分经营控制权。

---

[1] Shimizu K, Hitt M A, Vaidyanath D, et al. Theoretical foundations of cross-border mergers and acquisitions: A review of current research and recommendations for the future[J]. Journal of International Management, 2004, 10(3):307-353.

4.2 中国汽车企业对外直接投资模式选择现状分析

通过对中国汽车企业近三十年的对外直接投资发展实践分析，中国汽车企业海外进入模式基本遵循的发展阶段轨迹可以概括为间接出口—直接出口（设立海外代理商或营销机构）—建立生产性合资公司—建立生产性独资公司—海外参股并购—海外控股并购。虽然整体还处于发展的初级到中级阶段，但在发展模式内容上已经历了多种形式的演进。

4.2.1 中国汽车企业对外直接投资模式层级分类

中国汽车企业对外直接投资实践中，在对外直接投资基本模式绿地投资和跨国并购的基础上，进一步深化并产生多种层级细分模式。

从股权进入角度，对外直接投资模式可分为合资和独资两种模式。在这里，合资是指多家企业为了某种商业目的而共同出资组建新法人企业。独资则是指一家企业根据其商业目的以企业自身财产出资新建企业或收购企业。在并购投资模式中，则分为参股企业和控股企业。

从经济形式角度，对外直接投资模式可分为生产性投资和非生产性投资两种模式。生产性投资模式是指投资从事生产类的经济活动企业的模式，主要包括海外组装工厂、海外生产工厂。非生产性投资模式是指投资从事辅助生产的经济活动企业，主要包括海外办事处、海外贸易公司和海外研发中心，其中海外办事处和海外贸易公司主要是基于企业出口开拓海外市场而成立，在本书对外直接投资中不做过多研究，具体如表 4.1 所示。

表 4.1 中国汽车企业对外直接投资模式层级分类

基本形式	细分模式	输出企业形式
绿地投资	生产性投资	海外组装工厂
		海外合资生产工厂
		海外独资生产工厂
	非生产性投资	海外办事处
		海外贸易公司
		海外研发中心
跨国并购	海外参股并购	海外参股企业
	海外控股并购	海外控股企业

资料来源：根据中国汽车企业对外直接投资现状总结归纳。

4.2.2 中国汽车企业对外直接投资模式演进特点

中国汽车企业在初期进入海外市场是以出口形式，当时对外直接投资的主要模式为设立海外办事处，目前主要中国汽车企业几乎均已在海外设立了办事处。随着海外市场的逐渐扩大，部分发展较快的企业选择稳定的市场区域，投资设立了海外贸易公司，以进一步扩展海外市场销售网络。在此阶段，中国汽车企业的对外直接投资主要起到辅助汽车产品出口、开拓海外市场的效果。

自 20 世纪 90 年代以来，中国汽车企业进入海外市场的形式升级，开始在海外投资或并购设立生产性企业，初期主要以绿地投资设立海外组装工厂为主。海外组装工厂主要以 CKD、SKD 等形式出口并在东道国的组装工厂进行组装生产。这一阶段，中国汽车企业拥有组装工厂部分股权，投资提供技术和工艺装备，收取技术转让费和出口散件，但不参与组装工厂的投资、运营、管理和销售服务网络的建立，甚至部分组装工厂产品不标中国汽车企业品牌，仅以当地汽车品牌产品销售。这也是对外直接投资初级阶段的表现，对投资企业的准入门槛和产品国产化比例要求低，能够规避整车高额关税和汇率风险等出口贸易限制，相对较容易地进入目标东道国市场。目前该模式是中国汽车企业对外直接投资的主要模式，各主要汽车企业均通过该模式在海外设立较多的组装工厂，积极拓展海外汽车市场。

在具有一定对外直接投资经营经验的情况下，中国汽车企业进一步升级海外进入模式，将企业自身的生产技术和组织管理方式等以投资方式拓展到目标东道国，进入到海外建立生产性企业阶段，包括海外合资生产工厂和海外独资生产工厂。海外合资生产工厂是中国汽车企业与东道国当地企业合资建立生产性企业，此种方式进入有利于借助当地企业的本土化经营经验和销售网络拓展市场，减少投资金额，降低进入风险；有实力的中国汽车企业在积累了较多的国际经营经验后，则通常会选择建立海外独资生产工厂，这种投资方式虽没有与当地企业合作分担风险，但投资成功的回报也更大，能够建立中国汽车企业自己的生产、营销和售后服务网络，有效促进自身品牌的推广和价值的提升。

在国际汽车市场竞争不断加剧的背景下，为有效弥补中国汽车企业起步发展较晚的劣势，通过对外直接投资并购获取海外汽车企业的优质资产、先进的产业技术和经营理念、优秀的人才队伍、成熟的营销网络和渠道，成为现阶段中国汽车企业快速做大做强的重要路径。中国汽车企业引资合作初期，曾期望以庞大的中国市场吸引发达国家投资并以"市场换技术"，然而中国汽车企业合资合资发展以来的实践证明，对于企业先进的技术和经营方法等具有较高商业价值的核心无形资产，难以通过合资合作方式获得。海外参股并购可结合企业与被并购企业的资产规模，以相对有限的投资获得被并购企业部分股权，参与被并购企业经营运作，理解其经营理念、管理方式，共享技术研发和海外营销网络等资源，实现投资增值；而海外控股并购可以更为直接地掌控被投资企业的各项优秀资产、设备、技术、渠道、人员和管理方式方法等，通过有效的内部化整合运作可以实现"1+1>2"的规模效果。

部分中国汽车企业在海外设厂、海外并购的同时，基于获取汽车产业发展的前沿技术需求、目标东道国汽车市场消费需求等目的，对外直接投资设立了非生产性的海外研发中心。投资海外研发中心不直接产生经济效益，但投资获得的前沿技术和创新产品，有利于中国汽车企业转型升级，在新一轮的国际竞争中缩小与发达国家汽车企业的差距，提高国际竞争优势。中国汽车企业对外直接投资主要模式特点如表 4.2 所示。

表 4.2 中国汽车企业对外直接投资主要模式特点

投资进入模式	优势	劣势
海外组装工厂	投入较少，建设周期短，投资风险较小	低附加值生产，对当地市场了解不足，品牌影响力低，获利能力较弱
海外合资生产工厂	投资成本相对较低，建设周期较短，可获得当地企业经营经验及技术等互补性资产，投资风险分散	对当地营销网络控制能力弱，品牌传播风险较大，控制权分割带来的交易成本较高，获利能力一般
海外独资生产工厂	对企业控制力较强，可建立完整的生产销售与运营服务网络，有助于品牌影响力传播，可低成本转移企业垄断优势，独享利润	投资成本较高，建设周期长，对东道国政策等限制因素需提前掌握，独立承担风险较大
海外参股企业	投资效率较高，可参与运营并获得被投资企业互补性资产	投资成本相对较高，可能受被投资东道国政策限制，对参股企业控制权不足
海外控股企业	投资效率较高，可快速获得被投资企业设备、技术、渠道、人员等优质资产，便于实现规模优势	投资成本高，可能受被投资东道国政策限制，需要承担并购后整合风险
海外研发中心	投资成本较低，投资限制较少	不直接产生经济利润，成果输出和转换周期较长

资料来源：根据中国汽车企业对外直接投资现状总结归纳。

4.2.3　中国汽车企业对外直接投资模式现状分析

中国汽车企业对外直接投资过程中，几乎各汽车企业均已建立海外办事处和海外贸易公司，然而，由于各企业对外直接投资发展的进度和策略存在不同，目前在海外投资设立组装工厂、生产工厂、研发中心以及进行海外并购的情况不尽相同。

据统计，2005—2016 年期间，中国汽车企业海外绿地投资数量达389 项，海外绿地投资金额达 377.5 亿美元，海外并购数量达 120 项，海外并购金额达 284.5 亿美元，[1] 如图 4.1 所示。从对外直接投资模式趋势变化来看，前期以海外绿地投资为主，整体呈现平缓增长的发展态势，但在 2015 年以来无论是在交易数量还是金额上，均有较大幅度减少，主要是在近年来我国规范企业对外直接投资行为的政策下，各企业尤其是中央企业对外直接投资更趋理性。在 2008 年金融危机后，中国汽车企业海外并购数量和金额整体呈现逐渐增加的发展态势，并发展成为近两年主要的对外直接投资模式，并在 2015 年达到最高点。同时，2014—2015 年的海外并购数量有所减少，金额却增幅明显，海外并购单笔交易金额即并购标的价格有了较大幅度提高，展现出近年来中国汽车企业更侧重于以获取优质资产、前瞻技术等高溢价的价值型企业为投资目标，更倾向于选择以海外并购的模式进入国际市场。

---

[1] 德勤中国 .2017 年汽车产业投资促进报告 [EB/OL].https://www2.deloitte.com/cn/zh/pages/consumer-industrial-products/topics/automotive.html?icid=top_automotive，2017-06.

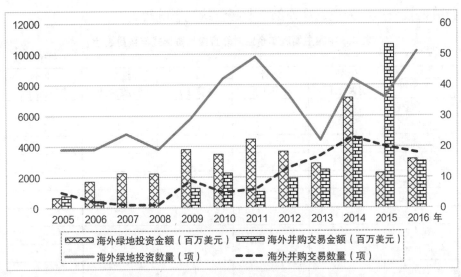

图 4.1 中国汽车企业海外绿地投资及海外并购数量及规模（2005—2016 年）
资料来源：根据商务部投资促进事务局、德勤研究报告数据统计整理。

根据截至 2017 年末，中国各主要汽车企业对外直接投资数据整理分析，在生产性投资中，绿地投资数量要大于跨国并购数量，其中绿地投资数量占比 90.5%，跨国并购数量占比 9.5%。绿地投资中的海外组装工厂、海外合资生产工厂及海外独资生产工厂的数量依次由多到少，其中，海外组装工厂占比 88%，海外合资工厂占比 8%，海外独资工厂占比 4%。跨国并购中的海外参股投资数量要多于海外控股投资数量，其中，海外参股投资占比 57%，海外控股投资占比 43%。在非生产性投资中，各主要汽车企业设立的海外研发中心合计 21 项，占统计对外直接投资样本数的 12.4%，因海外办事处及海外贸易公司投资额较小且投资与关闭相对灵活，在此不做统计比较。具体数据如表 4.3 所示。

中国汽车企业对外直接投资模式现状较为清晰地展现了当前中国汽车企业对外直接投资还处于初级发展阶段的事实。海外进入模式更多以进入门槛相对较低的海外组装工厂为主。近年来，随着企业经营能力不断增强、海外投资经营逐渐丰富，海外合资和独资工厂设立呈现出增加的趋势；跨国并购的进入模式表现出相对的随机性和被动性，主要以等待并购投资机会为主，受外部企业经营状况影响较大。

表 4.3 中国主要汽车企业对外直接投资模式与数量统计

（单位：项）

厂商名称	海外组装工厂	海外合资工厂	海外独资工厂	海外参股企业	海外控股企业
一汽集团	9	3	–	–	–
上汽集团	3	1	–	3	2
东风集团	7	–	–	2	–
长安集团	6	–	–	–	–
北汽集团	6	2	2	2	–
广汽集团	1	–	–	–	–
长城汽车	24	–	2	–	–
吉利汽车	5	1	–	5	4
比亚迪汽车	4	3	–	–	1
奇瑞汽车	16	–	1	–	–
江淮汽车	19	1	–	–	–
力帆汽车	7	–	–	–	–
华晨汽车	8	–	–	–	–
华泰汽车	3	–	–	–	–
合计	118	11	5	12	7

资料来源：根据各汽车企业官方网站及网络公开信息整理。

4.3 中国汽车企业对外直接投资模式选择影响因素分析

目前，对企业海外市场进入模式的研究还处于发展阶段，对于企业对外直接投资进入模式的研究成果较少且未形成统一的理论思想。整体来看，对于企业对外直接投资进入模式影响因素大都一致分为外部因素和内部因素两大类，但对于内外部因素的进一步细分则存在较大差异。本书在进行对外直接投资进入模式的影响因素分析时，重点筛选有关键影响作用的因素，分为母国因素、东道国因素和企业因素三大类型，并结合中国汽车企业发展特点依次对各类型中不同影响因素进行分析。

4.3.1 母国因素

改革开放以来，中国经济得到快速发展，秉持"引进来"和"走出去"的发展战略，鼓励中国企业高质量的国际化发展。在母国因素中，对中国汽车企业对外直接投资进入模式的主要影响因素是经济影响因素和政策影响因素。其中，经济影响因素包括经济发展水平、实际有效汇率、外汇储备、国内市场规模与劳动力成本；政策影响因素包括对外直接投资管理体制、国家外向型政策、政治外交影响。

（1）经济影响因素

根据 Dunning（1981）提出的投资发展阶段理论，当一国人均 GDP 超过 4 750 美元时，该国企业的所有权优势和内部化优势较为明显，并能与区位优势较好结合，对外直接投资力度明显加强，对外直接投资净额明显表现为正值，并呈现逐渐扩大的趋势。[1] 截至 2019 年，中国人均 GDP 为 70 892 元，如果折算成美元，则达 10 276 美元，[2] 连续呈现增长趋势，并首次突破 1 万美元。

此外，人民币实际有效汇率自 2005 年人民币汇率形成机制改革以来，至 2019 年末已升值超 20%，并保持基本稳定。企业出口产品价格提高而利润降低，从资产价值角度考虑，促进企业由"强币国"向"弱币国"投资。2019 年 12 月末，中国外汇储备增加至 31 079 亿美元，较 2005 年增长 187%，近十年保持年均增长 10% 以上的速度，自 2006 年以来稳居全球外汇储备第一大国。[3] 这为对外直接投资提供坚实的物质基础，且成为推动对外直接投资从而缓解外汇储备压力的重要因素。[4]

中国汽车市场 2019 年产销分别完成 2 572.1 万辆和 2 576.9 万辆，连续 11 年保持世界第一。加上中国国内在建和规划的汽车产能，2019 年末中国汽车制造业总产能与在建产能合计超过 6 000 万辆。中

[1] Dunning J H. Explaining the international direct investment position of countries: Towards a dynamic or developmental approach[J]. Weltwirtschaftliches Archiv, 1981, 117(1):30−64.

[2] 中华人民共和国国家统计局 . 中华人民共和国 2019 年国民经济和社会发展统计公报 [EB/OL]. http://www.stats.gov.cn/tjsj/zxfb/202002/t20200228_1728913.html, 2020−02−28.

[3] 中新网 . 截至 2017 年 12 月末中国外汇储备余额达 31399 亿美元 [EB/OL].http://www.chinanews. com/fortune/2018/01−18/8427107.shtml，2018− 01−18.

[4] 中华人民共和国国家统计局 . 中华人民共和国 2019 年国民经济和社会发展统计公报 [M].http:// www.stats.gov.cn/tjsj/zxfb/202002/t20200228_1728913.html,2020 年 2 月 28 日 .

国汽车企业加快对外直接投资速度，加强国际产能合作已成为未来发展的关键。[1]

中国 2019 年国民总收入 988 458 亿元，比上年增长 6.2%。[2]1990—2015 年，中国制造业年平均工资由 2073 元提高到 55 324 元，16 年间劳动力成本上升了 26 倍。由于担心劳动力成本上升，造成中国与发达经济体间的成本套利下降，一些发达经济体的企业已经将其生产转移到其他劳动力成本较低国家，中国汽车企业同样面临成本上升和利润下降的问题，成为对外直接投资设厂转移生产成本的推动力。

（2）政策影响因素

中国对外直接投资体制逐渐完善，2016 年国家发改委颁布《境外投资项目核准和备案管理办法》，使境外投资审批程序和力度更加宽松。2018 年 3 月施行《企业境外投资管理办法》，对境外投资项目核准和备案、境外投资监管、法律责任等作出规定。国家"十三五"规划明确提出，要坚持内外需协调、进出口平衡、引进来和走出去并重、引资和引技引智并举，发展更高层次的开放型经济，促进中国企业加快对外投资步伐，提高全球资源配置能力。[3]

中国政府在中国企业对外投资方面，支持建设海外工业园区，包括自 2006 年起，中国已在 24 个沿线国家获批建设的 82 个国家级境外经济贸易合作区，以及中国企业自主实施开放的工业园近百个，鼓励中国企业在海外工业园区进行绿地投资组建海外组装厂或海外生产工厂。[4]

---

[1] 中国汽车工业协会行业信息部 .2019 年汽车工业经济运行情况 [EB/OL]. http://www.caam.org.cn/chn/4/cate_39/con_5228367.html，2020-01-13.

[2] 中华人民共和国国家统计局 . 中华人民共和国 2019 年国民经济和社会发展统计公报 [EB/OL]. http://www.stats.gov.cn/tjsj/zxfb/202002/t20200228_1728913.html，2020-02-28.

[3] 中华人民共和国国家统计局 . 中华人民共和国 2019 年国民经济和社会发展统计公报 [EB/OL]. http://www.stats.gov.cn/tjsj/zxfb/202002/t20200228_1728913.html，2020-02-28.

[4] 中国机电产品进出口商会 . 境外合作区地图 [EB/OL].http://www.cocz.org/index.aspx，2017.

4.3.2 东道国因素

在中国汽车企业对外直接投资过程中，东道国影响因素对投资进入模式影响更为具体。Root（1994）指出，企业在海外市场进入过程中，东道国因素包括市场因素、生产因素和环境因素，其中环境因素主要指政治、经济和社会文化因素。通常情况下，东道国的市场发展情况，在某种程度上代表了该国的经济发展水平，反之亦然。考虑汽车企业发展对市场环境因素分析更为直接，下面将经济因素纳入市场环境因素考虑，主要从东道国的市场环境因素、生产资源因素、政治环境因素、制度环境因素和文化环境因素进行分析。[1]

（1）市场环境因素

东道国市场环境因素主要包括该国的市场规模、市场潜力和市场竞争程度。如果东道国的市场规模巨大且潜力较大，则可选择高控制程度的进入模式，以建立海外独资生产工厂为主，培养本土的营销网络和渠道，稳步打造自身品牌影响力，不断开拓当地市场。如果东道国市场竞争程度较高，说明当地行业市场已趋于饱和，绿地投资的进入模式会继续增加行业生产能力和产量，加剧市场竞争并减少投资收益，此时则应选择跨国并购的进入模式。

（2）生产资源因素

东道国生产资源因素主要包括资源丰富程度、生产要素成本、配套设施状况等。东道国丰富的生产资源，如汽车产业所必需的金属矿产资源、石油资源、水资源等要素，以及充足的人力资源和资本资源等要素；较低的生产要素成本，包括劳动力成本、资金成本、钢材成本等；良好的配套设施状况，如电力、通信、交通等能够为企业运营和产品流通提供便捷的保障设施。这些对于企业的投资进入有促进作用，对进入模式

---

[1] Robles F, El-Ansary A, Root F R. Entry Strategies for International Markets[J]. Journal of Marketing, 1994, 52(4):128.

选择无决定性影响。

（3）政治环境因素

政治环境因素主要体现为东道国因政治原因发生的战争、冲突、动荡等问题，以及东道国政府对投资企业母国的政治外交矛盾、对外资企业资产的征用和国有化等变化，均可能对企业带来投资损失的风险。对于东道国政治环境稳定、政策不确定性小、政治环境风险小的情况，可选择控制程度较高的进入模式，如跨国并购或建立海外生产性企业；反之，对于东道国政治环境动荡、政策不确定性大、政治环境风险大的情况，应选择控制程度较低的进入模式或避免进入，以减少投资损失。

（4）制度环境因素

东道国制度环境因素主要包括东道国的产业导向制度和利用外资制度等，对于东道国产业导向制度或利用外资制度中鼓励汽车产业投资的情况，如提供特殊税收优惠、土地低价优惠等，企业可根据制度规定的优惠条件来选择进入模式程度。通常来说，持正向产业导向制度的东道国希望外资企业到当地投资以增加经济总量，而非并购的方式。对于一些东道国出于保护本国汽车产业、本土资源等目的，对国外投资采取限制性制度，企业应寻求当地合资伙伴，考虑选择设立海外组装工厂或海外合资生产工厂的进入模式；对于东道国设立较高的产业进入壁垒，应考虑选择合资或并购的进入模式，运用已有资源组织生产并进入东道国市场。

（5）文化环境因素

对外直接投资跨越了国境和种族界限，会产生不同的文化差异，对于文化差异较大的地区，企业选择进入模式时相对更为谨慎。Larimo（1995）、[1]Brouthers（2000）[2]等人研究发现如果东道国与母国之间文

[1] Larimo J. The foreign direct investment decision process: Case studies of different types of decision processes in finnish firms[J]. Journal of Business Research, 1995, 33(1):25-55.

[2] Brouthers K D, Brouthers L E. Acquisition or greenfield start-up? Institutional, cultural and transaction cost influences[J]. Strategic Management Journal, 2000, 21(1):89-97.

化差异较大，那么企业更倾向于选择绿地投资而非并购的进入模式。主要因为绿地投资在建厂、选人等方面具有自主性，可以根据企业自身文化特征组织运作，逐渐适应东道国的文化环境，避免并购后东道国原有企业或企业内人员的文化差异产生矛盾和问题。反之，若东道国与母国之间文化差异不大，企业可选择任何一种有利的进入模式，绿地投资可较快融入当地文化环境，而跨国并购也可以快速实现企业文化的整合。

4.3.3 企业因素

企业作为资源和能力的结合体，在进行对外直接投资时，其自身优势的储备对于海外进入模式选择的影响巨大。通常来说，企业规模的大小、企业核心技术的多寡、企业国际经营经验的积累以及企业品牌的知名度和影响力对于其海外进入模式选择具有直接影响。

（1）企业规模因素

企业规模因素包括企业当前的规模以及企业应具备的规模，企业当前的规模越大，产生的规模经济越大，抵御风险的能力越强，就越倾向于选择控制程度较高的进入模式，如选择跨国并购或绿地投资设立海外独资生产工厂。Hennart（1988）通过对 20 世纪七八十年代美国汽车和能源产业为例分析，发现在汽车零部件制造环节，通过规模经济降低成本的诉求通常要通过组建合资公司来实现，即对于当前规模不够大或投资规模不大的企业，要实现规模经济，需要借助东道国本土企业选择设立海外合资生产工厂的进入模式。此外，东道国企业规模越大，需要的投资资金就越多，投资企业选择跨国参股并购进入模式的可能性就越大。[1]

（2）企业技术因素

汽车企业拥有的专利技术及进行的技术研发水平对市场竞争起着重

---

[1] Hennart J F. Upstream vertical integration in the aluminum and tin industries: A comparative study of the choice between market and intrafirm coordination[J]. Journal of Economic Behavior & Organization, 1988, 9(3):281−299.

要作用，刘洪德和刘希宋（2003）认为技术进步是汽车工业缩小与国外发达国家差距的突破口。汽车企业核心技术具有较高的商业价值，对于拥有技术优势较强的企业，在对外直接投资时，为避免自身核心技术泄露，会倾向于选择建立海外独资生产企业的进入模式，以减少技术的扩散渠道，保持自身竞争优势。若企业拥有的核心技术较少，缺乏技术优势时，则会倾向于通过跨国并购的进入模式，进行逆向投资以获取东道国目标企业的专利技术，补充自身的技术优势。[1]

（3）企业经验因素

根据发展阶段理论，企业国际化经营经验积累可有效影响企业海外进入模式的选择。对于具有国际化经营经验的汽车企业，会在总结之前成功经验的基础上不断升级对海外投资企业的控制程度，在新进入海外市场时更倾向于选择高控制程度的进入模式。反之，对于不具有国际化经营经验的汽车企业，在对外直接投资初期决策时会相对谨慎，通常会倾向于选择建立组织工厂或建立合资生产工厂的进入模式。

（4）企业品牌因素

企业品牌因素主要包括品牌知名度和影响力。目前，中国汽车企业品牌意识日益加强，对外直接投资已经由初期的品牌资产获取逐渐转变为品牌海外扩张，对于拥有较强品牌知名度和影响力的企业会倾向于选择高控制程度的进入模式。一方面为避免东道国合资合作伙伴经营不善影响品牌知名度；另一方面为加强对东道国市场的布局和扩张，增加广告和渠道投入费用，进一步强化品牌的国际影响力。

（5）企业效率因素

企业效率因素主要包括企业发展效率和企业的决策效率，这些对于企业海外进入模式选择具有双向影响效果。发展效率较快的企业较发展效率低的企业更容易遇到技术更新、管理升级或渠道布局等问题。现阶

---

[1] 刘洪德，刘希宋. 技术进步在促进中国汽车工业发展中的作用探析 [J]. 中国软科学，2003(7):95–101.

段企业自身经营经验的积累和储备难以解决，在对外直接投资时，更倾向于选择跨国并购的进入模式，运用东道国目标企业已经具备的资源和经验来解决自身问题，进而保持企业的高效发展。此外，跨国并购的进入模式在并购谈判过程中，通常会随时产生难以预测的问题，且需要在短时间内给予回应，企业较快的决策效率，有助于企业及时应对和解决，从而保持对外直接投资的效率和竞争优势。

4.4 本章小结

本章主要从企业对外直接投资基本模式出发，将中国汽车企业对外直接投资的基本模式区分为生产性海外投资模式和非生产性海外投资模式。并进一步梳理细分了海外投资模式的层级种类，整理分析了当前中国汽车企业对外直接投资各项模式的种类与特征。结合中国汽车企业对外直接投资进入模式选择实践分析，详细地阐述分析了基于母国、东道国和企业三种视角区分的影响投资模式选择的十二项关键因素，即基于母国视角下的经济、政策影响因素，基于东道国视角的市场环境、生产资源、政治环境、制度环境和文化环境因素，基于企业自身视角的企业规模、技术、经验、品牌和效率因素。

第五章 中国汽车企业对外直接投资区位选择分析

随着经济全球化与区域经济一体化的纵深发展，生产要素配置在国家间、地区间加快流动，形成了跨国投资经济活动的客观基础。中国汽车企业对外直接投资研究的一个主要目的是总结分析对外直接投资情况，预判更为有利的投资区域、模式及策略、方法等。在此阶段，对外直接投资的区位选择是预判中的一个重要环节，对其充分研究的结论有助于减少中国汽车企业对外直接投资各项成本与风险，实现更为稳定的可持续发展基础，增加对外直接投资绩效。

5.1 中国汽车企业对外直接投资区位选择现状

截至 2019 年末，中国 2.75 万家境内投资者在国（境）外共设立对外直接投资企业 4.4 万家，对外直接投资存量 21 988.8 亿美元，分布于全球 188 个国家或地区，占全球国家或地区总数的 80.3%。其中对亚洲地区投资存量最多，占中国企业对外直接投资存量的 66.4%，其他投资存量由大到小的地区依次是拉丁美洲、欧洲、北美洲、非洲、大洋洲，分别占中国企业对外直接投资存量的 19.8%、5.2%、4.6%、2%、2%。[1] 中国汽车企业对外直接投资与中国企业对外直接投资区位选择有较强的重合性，但不同的投资方式在区位选择时显现出不同的特点。

---

[1] 中华人民共和国国家统计局 . 中华人民共和国 2019 年国民经济和社会发展统计公报 [EB/OL].
http://www.stats.gov.cn/tjsj/zxfb/202002/t20200228_1728913.html，2020－02－28.

5.1.1 中国汽车企业对外直接投资区位分布演变

中国汽车企业对外直接投资在初期的区位选择主要是基于出口目标国家或地区，为规避出口目标国家或地区的政策限制，不断扩大当地的市场规模，增加额外收益，开始选择主要出口目标国家或地区进行投资建厂。此外，由于发达国家或地区市场的排放、安全、技术等标准要求较高，且当地市场饱和度较高、品牌结构相对稳定，中国汽车企业主要在中低端车辆产品的相对优势，在出口或对外直接投资的区位选择上大多集中在发展中国家或地区，2010—2017 年中国汽车企业出口区域及变化情况如表 5.1 所示。

表 5.1 2010—2017 年中国汽车企业出口区域及变化情况

（单位：万辆）

洲别	地区	2010 年	2011 年	2012 年	2013 年	2014 年	2015 年	2017 年	累计占比
亚洲	西亚	10.7	14	22.2	13.1	21.2	17	28.3	21%
	东南亚	5.6	6.1	6.1	7.1	9.3	12.8	11.9	10%
	南亚	2.9	1.8	1.9	2.4	3.6	5.8	14.6	5%
	东亚	1.6	2.1	1.9	1.9	1.6	1.5	2.7	2%
	中亚	0.8	1.3	2	2	2	0.8	0.5	2%
亚洲总计		21.5	25.2	34	26.4	37.6	37.9	58	39%
拉丁美洲	北部	1.3	3.6	6.4	6.1	7.8	7.1	2.5	6%
	南部	5.2	8.3	8.7	12.1	7.1	6.4	8.6	9%
	中西部	2.5	4.6	5.8	6.9	5.9	4.9	7.5	6%
	东部	2.5	10.4	2.1	2.3	1.4	0.9	1.1	3%
拉丁美洲总计		11.6	26.9	23.1	27.4	22.2	19.3	19.7	24%
非洲	北非	8.2	11.2	18.9	16.3	13.9	7.3	3.1	13%
	西非	1.2	2.1	2	2	3.9	1.7	1.8	2%
	南非	2.4	2.4	3.3	2.9	3.5	1.4	1.6	3%
	东非	0.5	0.9	1.3	1	1.2	1.2	1.4	1%
	中非	0.3	0.4	0.3	0.5	0.5	0.3	0.3	0%
非洲总计		12.6	17	25.9	22.7	23	12	8.1	20%
欧洲	东欧	3.6	9.6	12.1	12.6	8.2	2	3.8	8%
	西欧	0.5	0.7	0.4	0.4	0.7	0.7	1.8	1%
	南欧	1.6	1.1	0.8	0.5	0.3	0.3	0.3	1%
	中欧	1.5	1.4	1.4	0.8	0.2	0.1	0.2	1%

续表

欧洲	北欧	0.1	0.1	0.1	0.1	0.1	0	0.01	0%
欧洲总计		7.4	12.9	14.9	14.3	9.4	3.1	6.2	11%
北美洲	加勒比	0.6	0.6	0.6	0.5	0.5	1	0.6	1%
	北美	1.5	0.5	1	1.8	0.6	0.8	11.7	3%
	中美洲	0.2	0.4	0.5	0.5	0.6	0.8	0.8	1%
北美洲总计		2.4	1.4	2.1	2.8	1.8	2.6	13.1	4%
大洋洲总计		1.1	1.7	1.6	1.1	0.8	0.7	1.2	1%
总计		56.6	85.2	101.6	94.8	94.8	75.5	106.4	100%

注：2016 年数据暂缺

资料来源：根据汽车工业协会信息及海关总署数据整理。

2008 年金融危机之后，世界范围内经济减速，国外部分汽车企业受到严重影响，同时正值中国汽车企业海外扩张的意愿增强，对外直接投资并购超越绿地投资成为主要投资方式。该阶段对外直接投资主要集中于拥有良好技术基础却面临破产的发达国家汽车企业，如上汽集团在英国投资收购 LDV（leyland DAF vans）公司、北汽集团在瑞典收购萨博汽车以及吉利在瑞典收购沃尔沃汽车等，区位选择上也突破了原有的出口目标国家或地区。

近年来，新能源技术在全球推广，为具有相应优势的中国汽车企业带来新的机遇，也因此在对外直接投资区位选择上增加了有意愿扩大新能源交通技术的发达国家或地区。同时，随着中国汽车企业对技术优势认识程度的不断加深，大多开始在海外布局技术研发中心，这在对外直接投资的区位选择上就倾向于发达国家有着丰厚技术基础和技术人才的传统汽车集群区域。

5.1.2 中国汽车企业对外直接投资区位分布现状

中国汽车企业结合自身发展需求，分别采取了海外设厂、海外并购或海外设立研发中心等方式进行对外直接投资，不同方式的目标国家或地区也不同。海外设厂时，主要集中在发展中国家或地区，部分延伸至发达国家或地区；海外并购时，主要集中在发达国家或地区；设立海外研发中心时也主要集中在发达国家或地区。

（1）中国汽车企业对外直接投资海外设厂区位分布情况

在中国 2001 年加入世界贸易组织 (World Trade Organization 简称 WTO) 以来，中国汽车企业已开拓出相对稳定的海外市场，随着近年国际间贸易摩擦不断升级、人民币升值带来制造成本不断增加、国内汽车产能扩大而市场容量不断缩小等问题，有实力的中国汽车企业已开始调整生产和销售布局，将视野放大到世界范围内，加快了在海外设厂的步伐。

目前来看，中国汽车企业海外设厂主要围绕避开出口目标国家或地区的贸易和技术壁垒、减少贸易成本，或能够享受东道国的汽车产业政策、获得额外收益，通过海外设厂，实现国内优势汽车企业向低成本的国家或地区转移，有效利用当地廉价的劳动力等资源生产，建立起稳定的销售渠道减少运输成本，符合国家对中国制造业倡导的"走出去"发展战略。中国主流汽车企业对外直接投资海外设厂情况如表 5.2 所示。

表 5.2 中国主流汽车企业对外直接投资海外设厂情况

厂商名称	海外设厂情况
一汽集团	在坦桑尼亚、南非、巴基斯坦、乌干达、阿尔及利亚、越南、乌克兰、叙利亚、哈萨克斯坦和俄罗斯等地投资建立商用车系列组装基地；在埃塞俄比亚建立海外工厂生产夏利小型车
上汽集团	在泰国、埃及、印度尼西亚、马来西亚等地设立海外工厂，生产 MG 系列、通用五菱及大通系列车型
东风集团	在巴基斯坦、越南、泰国、马来西亚、伊朗、埃及及乌克兰等国建立了 KD 组装工厂，主要生产商用车系列产品
长安集团	在墨西哥、马来西亚、越南、伊朗、乌克兰和美国建立 6 个海外工厂
北汽集团	在印度、俄罗斯、南非、巴西等地设厂，主要生产商用车系列产品；在马来西亚设厂，生产新能源电动车
广汽集团	在尼日利亚建厂生产传祺系列产品
长城汽车	在菲律宾、越南、塞内加尔、马来西亚、伊朗、保加利亚、埃塞俄比亚、埃及、斯里兰卡、苏丹、厄瓜多尔、保加利亚、俄罗斯等国建立了 24 家海外工厂
吉利汽车	在俄罗斯、印尼、埃及、乌克兰、斯里兰卡、埃塞俄比亚、英国等地设立海外工厂
比亚迪汽车	在巴西、保加利亚、匈牙利、美国建立海外工厂，主要生产新能源电动车型产品

厂商名称	海外设厂情况
奇瑞汽车	在叙利亚、俄罗斯、马来西亚、意大利、巴西、越南、泰国、伊朗、埃及等国家建立 17 家海外工厂
江淮汽车	在阿尔及利亚、俄罗斯、埃及、伊朗、土耳其、墨西哥、巴西等地建立了 19 家海外工厂，覆盖中东、东南亚、中亚、南美等区域
力帆汽车	在俄罗斯、伊拉克、埃及、伊朗、越南、埃塞俄比亚、乌拉圭建立了 7 个海外工厂
华晨汽车	在越南、埃及、伊朗、朝鲜、马来西亚、俄罗斯、巴西等地设立了 8 个海外工厂
华泰汽车	在俄罗斯、安哥拉、朝鲜建立了三个生产基地，缅甸、莫桑比克、马达加斯加、塞拉利昂海外工厂在规划建设中

资料来源：根据各汽车企业网站公开资料整理。

从统计数据来看，中国主流汽车企业均已在海外设厂，目前累计海外设厂数量已超过 100 家。海外设厂区位选择与长期出口的目标国家或地区基本一致，与当前中国企业对外直接投资的主要区位也基本重合，集中在亚洲地区，其他依次是非洲、欧洲、拉丁美洲、北美洲、大洋洲如图 5.1 所示。

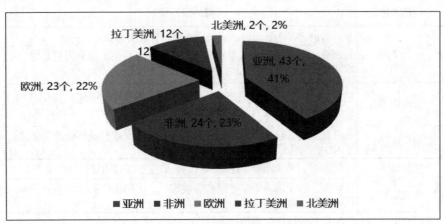

图 5.1 中国汽车企业海外设厂区域分布情况
资料来源：根据各汽车企业网站公开资料整理统计。

（2）中国汽车企业对外直接投资海外并购区位分布情况

中国汽车企业起步较晚，自有技术水平和管理经验与发达国家汽车企业相比还存在较大差距，尤其是中国自主汽车品牌。在全球经济一体化的背景下，中国汽车企业国际竞争力不强，同时，受发达国家严格的汽车技术准入标准等影响，长期以来，中国汽车企业产品难以进入发达国家汽车市场。为解决上述问题，中国汽车企业在国际市场上通过海外并购的方式，选择部分发达国家汽车企业进行兼并重组以获取其品牌、技术、资产及渠道等优势，进一步提升产品种类和质量。

基于对外直接投资发展策略、国别政策差异等因素，中国汽车企业中进行海外并购的数量和投资笔数均不多，目前投资区域主要集中于欧洲和美国等发达国家和地区，如表 5.3 及图 5.2 所示。

表 5.3 中国主流汽车企业对外直接投资海外并购情况

厂商名称	投资时间	投资金额	投资区域	并购情况
上汽集团	2002 年	5 970 万美元	韩国	收购通用大宇汽车 10% 股份
	2004 年	5 亿美元	韩国	并购韩国双龙汽车公司，占股 48.92%，后增持至 51.33%
	2004 年	6 700 万英镑	英国	购买 MG 罗孚集团技术核心知识产权和技术平台
	2009 年	1 800 万英镑	英国	收购英国 LDV 公司的资产，获得该公司轻型商用车领域技术
	2009 年	5 000 万美元	印度	收购通用印度公司 50% 股份
	2010 年	4.9 亿美元	美国	参与新通用汽车公司 IPO，占股 0.97%
南汽集团	2005 年	5 300 万英镑	英国	收购英国罗孚汽车公司及其发动机生产分部
东风集团	2012 年	未披露	瑞典	收购瑞典 T-Engineering 公司 70% 股权
	2014 年	8 亿欧元	法国	入股 PSA，占股 14%，与法国政府和标致家族并列成为 PSA 的第一大股东
北汽集团	2009 年	1.97 亿美元	瑞典	收购瑞典萨博汽车公司相关知识产权
	2014 年	未披露	美国	收购新能源电动汽车公司 Atieva 的 25.02% 股份，成为该公司第一大股东
吉利汽车	2006 年	1 425 万英镑	英国	收购英国锰铜控股 23% 股份
	2009 年	2.57 亿港元	澳大利亚	收购澳大利亚 DSI——全球第二大自动变速器公司
	2010 年	18 亿美元	瑞典	收购瑞典沃尔沃轿车公司的 100% 股权与相关资产（包括知识产权）
	2013 年	1 104 万英镑	英国	收购英国锰铜控股的业务与核心资产（包括知识产权等）

续表

厂商名称	投资时间	投资金额	投资区域	并购情况
吉利汽车	2015年	4 550万美元	冰岛	投资冰岛碳循环国际公司 CRI（carbon recycling international），成为该公司主要股东，研发甲醇燃料汽车
	2017年	1.8亿美元	马来西亚、英国	投资完成对宝腾汽车49.9%股份与路特斯汽车（英国莲花）51%股份的收购
	2017年	未披露	美国	投资收购了美国硅谷的 Terrafugia 飞行汽车公司的全部资产和技术
	2017年	33亿美元	瑞典	收购沃尔沃集团（AB Volvo）8.2%的股权，成为其第二大股东，获得了15.6%的投票权
	2018年	90亿美元	德国	收购了德国戴姆勒股份公司9.69%具有表决权的股份，成为其第一大股东
比亚迪汽车	2010年	未披露	日本	收购日本荻原公司馆林汽车模具工厂

资料来源：根据各汽车企业网站公开资料整理。

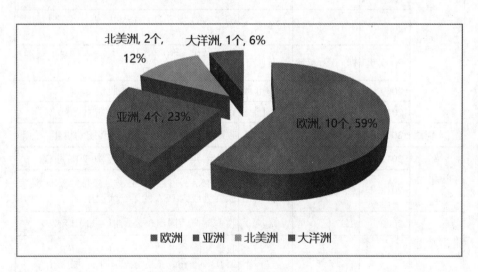

图5.2 中国汽车企业海外并购区域分布情况
资料来源：根据各汽车企业网站公开资料整理统计。

（3）中国汽车企业对外直接投资设立海外研发中心区位分布情况

中国汽车企业在海外设立研发中心主要有两方面考虑，一是整合世界范围内优势资源，运用发达国家汽车产业的技术优势、人才优势和前瞻性的发展视角，推动中国汽车企业国际竞争力的提升；另一方面是为了研究东道国汽车市场，结合当地消费者对汽车产品需求，更好地设计推出属地化产品，以不断扩大市场份额。于是在设立海外研发中心的区位选择上，就主要集中于两类区域：技术资源成熟的发达国家和市场潜力巨大的东道国。

目前中国汽车企业海外设立研发中心建设更多是倾向于设立在发达国家汽车产业集聚地区，以整合优势资源提升汽车产品国际竞争力为目标，如欧洲、亚洲、北美洲的发达国家或地区，如表5.4及图5.3所示。

表5.4 中国主流汽车企业海外研发中心设立情况

厂商名称	海外研发中心名称	成立时间	所在区域
上汽集团	韩国双龙汽车技术研究中心	2005 年	韩国
	上海汽车英国技术中心	2010 年	英国
长安集团	长安汽车欧洲设计中心	2003 年	意大利
	长安汽车日本设计中心株式会社	2008 年	日本
	长安英国研发中心股份有限公司	2010 年	英国
	长安美国研发中心股份有限公司	2011 年	美国
北汽集团	北汽新能源硅谷研发中心	2015 年	美国
	北汽新能源亚琛研发中心	2015 年	德国
	北汽新能源美国底特律研发中心	2016 年	美国
	北汽新能源巴塞罗那研发中心	2016 年	西班牙
	中德汽车轻量化技术联合研发中心	2016 年	德国
	北汽新能源东京造型设计中心	2016 年	日本
	北汽新能源都灵造型设计中心	2016 年	意大利
长城汽车	长城日本技研株式会社	2016 年	日本
吉利汽车	吉利控股集团欧洲研发中心	2013 年	瑞典
	吉利汽车英国前沿技术研发中心	2015 年	英国
	吉利控股集团美国造型设计中心	2015 年	美国
	吉利控股集团西班牙造型设计中心	2015 年	西班牙

续表

厂商名称	海外研发中心名称	成立时间	所在区域
比亚迪汽车	比亚迪汽车南美研发中心	2014 年	巴西
江淮汽车	JAC 意大利设计中心	2005 年	意大利
	JAC 日本设计中心	2006 年	日本

资料来源：根据各汽车企业网站公开资料整理。

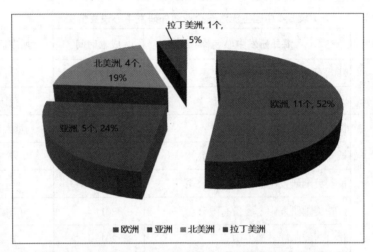

图 5.3 中国汽车企业海外研发中心设立区域分布情况
资料来源：根据各汽车企业网站公开资料整理统计。

5.2 中国汽车企业对外直接投资区位选择分析

中国汽车企业在"走出去"的决策过程中，就已经伴随着"走出去"的选择问题。如当决策是否出口时，就会产生目标国家或地区是哪？同理，当决策是否对外直接投资时，也会一并考虑向哪个国家或地区进行对外直接投资。对外直接投资区位选择的优劣，基本上决定了对外直接投资的成败。在上述中国企业对外直接投资区域分布的分析和总结基础上，借鉴对外直接投资理论从区位选择的本源进行研究，以便提炼出有益于中国汽车企业对外直接投资区位选择的参考。

5.2.1 中国汽车企业对外直接投资区位分布现状特征分析

中国汽车企业对外直接投资区位发展步伐较快。从中国加入 WTO 以来，对外直接投资才开始大规模开展起来，而在十五年左右的时间里已超百家海外工厂、二十余家海外研发中心以及近二十起海外并购，投资区位已遍布世界各大洲主要汽车产业区域。这些都反映出中国汽车企业由大到强的发展动态，以及加速"走出去"发展、不断提升企业实力、增强国际竞争力的意愿。

中国汽车企业对外直接投资区位选择受不同投资方式影响明显。不同的投资方式会产生不同的区位选择视角，在海外设厂过程中，中国汽车企业会结合自身相对优势，大多选择长期出口的目标国家或地区；在设立海外研发中心过程中，中国汽车企业通常会锁定具有技术优势沉淀的发达国家或地区；在海外并购时，大多集中于发达国家或地区，主要受目标被收购汽车企业所在区域影响。

中国汽车企业对外直接投资区位选择总体范围较为集中。海外设厂时，由于受海外汽车市场空间因素影响，中国汽车企业通常选择距离相对较近、市场空间相对较大的国家或地区，统计的汽车企业中，投资区位选择亚洲占 41%、非洲占 24%、欧洲占 23%；在 14 家汽车企业中，10 家在俄罗斯设立了海外工厂，9 家在埃及和越南设立海外工厂。海外并购时，中国汽车企业倾向于汽车产业技术相对成熟的发达国家或地区，统计的汽车企业中，投资区位选择欧洲占 62%、亚洲占 19%、北美洲占 13%。设立海外研发中心时，中国汽车企业也会选择发达国家的汽车产业集群地区，统计的汽车企业中，欧洲占 52%、亚洲占 24%、北美洲占 19%；7 家汽车企业中有 4 家在美国和日本设立海外研发中心。

中国汽车企业个体对外直接投资区位相对分散，缺乏规模经济。中国汽车企业在海外设厂时，大多规模较小，产能布局分散。以长城汽车为例，设立 24 个海外工厂，规划产能达 50 万辆，平均单个工厂产能 2 万辆左右，而其在国内天津和保定工厂的单个工厂平均产能为 75 万辆。从另一个角度反映出，中国汽车企业对外直接投资仍处于初级阶段，在投资区域海外市场渠道未完善之前，对区域内单项投资仍持有谨慎性原则。

5.2.2 中国汽车企业对外直接投资区位选择影响因素分析

企业对外直接投资区位选择的影响因素，是能够影响对外直接投资决策的一系列外部、内部的因素的综合。这些因素能够体现出被投资的东道国环境的优劣，能够满足企业对外直接投资的各种动机，能够实现企业对外直接投资的目标收益和预期愿景。

Dunning（1977）在吸收、总结垄断优势理论、内部化理论等基础上，结合区位经济学理论，提出了国际生产折衷理论。认为要进行对外直接投资应具备所有权优势、内部化优势和区位优势三种优势条件。其中，所有权优势是指跨国公司应具备东道国企业所不具备的技术、研发、管理、销售等优势，且在东道国投资比将这些优势以许可方式授权或出租给东道国企业可获取更多的利润；内部化优势是指跨国公司将其拥有的资产资源进行内部化，避免不完全市场带来的不利影响，从而保持公司所拥有的优势；区位优势是指在东道国进行投资时，东道国所拥有低廉的劳动力成本、较大的市场发展潜力、优惠的生产贸易政策等。该理论进一步细化阐释了跨国公司在对外直接投资过程中应具备的区位选择标准。

根据 Dunning 的国际生产折衷理论，企业对外直接投资应具备的三项优势，所有权优势、内部优势和区位优势。其中前两项优势可以转化为企业的自身优势，是企业进行对外直接投资的决定性因素；区位优势是投资的外部优势，是企业进行对外直接投资选择的重要性因素。结合中国汽车企业对外直接投资发展特点，对国际生产折衷理论进行适度扩展，增加一项综合优势影响因素，构建出新形势下中国汽车企业对外直接投资区位选择影响因素的分析框架并逐一应用分析，如图 5.4 所示。

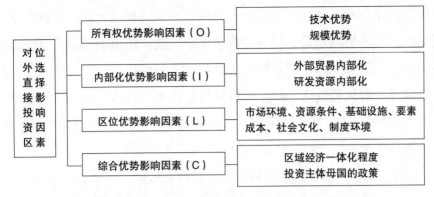

图 5.4 中国汽车企业对外直接投资区位选择影响因素

（1）基于所有权优势的对外直接投资区位选择影响因素分析

所有权优势是企业在发展过程中所拥有的一种相对静态的属性，具有长期性、稳定性和可持续性的特点。对于中国汽车企业而言，在对外直接投资区位选择时主要受企业的技术优势和规模优势因素影响。

①技术优势因素。技术优势是汽车企业发展的核心优势，是汽车企业核心竞争力的根本所在。汽车制造的一般技术已经基本形成了国际比较通用的框架标准，外部行业可通过相应的采买直接进入汽车制造领域，然而这种流通的技术显然不具有相对优势，更谈不上垄断优势。在对外直接投资时，技术优势因素具有两层标准，一层是具有相对优势，即中国汽车企业所拥有的技术在一般技术水平之上，能够达到或超越投资目标国家或区域的技术准入标准，目前这种优势是中国汽车企业对外直接投资发展主流现象，主要集中于发展中国家进行属地化生产并获得收益；另一层是具有垄断优势，这需要的是中国汽车企业能够创造出具备属于自身特有的差异化技术或创新技术，形成国际竞争力并适用于更多的目标国家或区域，如比亚迪的新能源汽车能够依靠其核心铁电池技术被国际公认并进入美国等发达国家投资设厂。

②规模优势因素。汽车企业的规模化发展是能够实现对外直接投资的基础保障，具有一定规模的汽车企业能够实现低成本的规模经济优势，能够抵御对外直接投资失败的风险。在对外直接投资时，中国汽车企业

会优先选择有利于其规模快速扩大的目标国家或地区，这一方面源于长期的出口市场份额积累；另一方面取决于被投资东道国汽车产业规模发展情况，东道国的汽车产业聚集区会产生零配件供应企业成熟、生产配套设施齐全等规模效应，减少投资后额外成本的投入。此外，对于区域内技术、生产及渠道相对完备的东道国汽车企业实施对外直接投资并购，也可进一步迅速扩大并形成规模优势。

（2）基于内部化优势的对外直接投资区位选择影响因素分析

随着国际分工的进一步发展，跨国公司在不同的区域寻求内部化优势以不断获得稳定的收益。中国汽车企业对外直接投资区位选择主要受内部化优势中外部贸易内部化和研发资源内部化因素的影响。

①外部贸易内部化因素。中国汽车企业长期的外部贸易扩大了外部市场份额，建立了相对稳定的市场渠道，但受国家间贸易政策变化、外部市场供求变化等影响，产品交易成本相对较高。选择在具有长期稳定贸易基础的国家或区域对外投资建厂，实现产品交易内部化，可通过调整内部资源配置、转移定价等方式，实现稳定贸易供应、降低交易成本、增强市场竞争力。

②研发资源内部化因素。有实力的中国汽车企业为持续提高技术能力，均在不同程度上加大了技术研发投入，通常在国内设立了汽车研究院或研究中心等。为跟进国际汽车企业技术发展趋势、应对国际市场消费者的产品需求，部分汽车企业也在国外投资设立研发中心。汽车企业通过选择性地对国内和国外两个区域研发资源的内部化整合，可以更快速获取新技术成果和研发技术人员，节省技术开发投入成本与时间。在进行对外直接投资区位选择上，要注重研发资源的创新与适用，目前汽车技术创新主要集中在发达国家或地区，而更适用于当前市场推广的汽车技术主要集中在新兴工业化国家或地区。

（3）基于区位优势的对外直接投资区位选择影响因素分析

区位优势是被投资东道国所拥有的空间地理、自然资源等固有属性以及社会制度、政策要求的可变属性，是企业对外直接投资区位选择中与自身的所有权优势、内部化优势相结合衡量的重要条件，影响企业选择进入东道国与否、开展投资活动的难易程度以及投资经营的收益率，其主要影响因素包括市场环境、资源条件、基础设施、要素成本、社会文化、制度环境、政治环境。

①市场环境因素。随着中国国内汽车产能过剩的压力逐渐加大，积极寻求海外市场成为中国汽车企业对外直接投资的主要目的之一。东道国所具有的市场规模和市场潜力，是投资区位选择的重要标准。通常而言，一国的经济总量越大，代表着该国的居民消费能力越强，市场规模相应越大；经济增长越快，该国的产业结构调整越快，居民消费需求增长也越快，市场潜力相应越大。

②资源条件因素。资源条件是指东道国所拥有的自然资源、地理条件等，是该国或地区的固有禀赋，在空间上具有区域分布不均的特点。汽车产业的发展需要大量的自然资源，如矿产、石油、木材等天然资源的开采和加工，甚至需要深水港口等地理条件以便于贸易运输和节省陆路运输成本。中国汽车企业在对外直接投资区位选择上应关注自然资源丰富、地理条件优越的国家或地区，降低后期运营成本，增加投资价值。

③基础设施因素。基础设施主要是指东道国的道路交通、通信网络、水利电力等为保障企业经营的基础服务硬件环境。一般情况下，良好的基础设施状况可以为企业发展提供基本保障，能够便于获得生产要素、保持信息交流顺畅、维持人才资源稳定，不断提升当地的市场容量，有效促进企业的本地化生产和销售，并有助于吸引其他投资形成产业集群，进一步降低运营成本。

④要素成本因素。成本的高低决定着企业运营利润的多少，中国汽车企业仍以劳动力密集型生产为主，最重要的要素成本就是劳动力成本。中国汽车企业在对外直接投资生产布局时，应选择劳动力成本相对低廉的东道国或地区进行投资，有助于企业控制生产成本和持续扩大生产规

模。

⑤社会文化因素。汽车企业是典型的工业化制造企业，由工业标准等"硬实力"堆积发展起来，但在对外直接投资过程中，还需要考虑一些"软实力"，包括被投资东道国的民族、语言、宗教、习俗等社会文化。在世界范围内不同程度的文化差异会给投资企业带来不同的问题和阻力，相似的文化或能够相互理解认同的文化则有助于投资企业本地化的顺畅运营、扩大市场份额和提高经济收益。在对外直接投资时，应重视社会文化因素影响，尽量选择社会文化相似程度较高的区域设厂或对能够实现社会文化相互认同的区域企业实施投资并购。

⑥制度环境因素。制度环境主要包括经济制度和法律制度环境。东道国稳定的经济制度和政策，如投资政策、货币政策和财政政策等，均能够影响企业的投资经营情况。公平公开的法律制度，对于解决企业贸易争端、避免当地的法律纠纷、减少不必要的经济损失等有较大的益处。对于汽车企业而言，对外直接投资时倾向于选择具有良好的引资政策、汽车产业准入政策、汽车产业优惠税收政策、非歧视性贸易政策及清晰的产权保护政策等制度政策的东道国或地区。

⑦政治环境因素。良好、稳定的政治环境是企业对外直接投资经营的保障和敏感因素，主要包括东道国的政治局面稳定性、政府腐败程度、政府公信力以及国家间政治摩擦。汽车企业对外直接投资额度相对较大，若被投资国家或地区出现政局动荡、政府腐败恶化、政府公信力丧失、国家间政治冲突等情况，就会严重危及投资安全。此外，在对外直接投资并购中，对外资并购活动能够依照市场规则有序管理，并秉持公正公开原则的东道国或地区，有利于提高企业并购效益、节省企业并购成本。

（4）对外直接投资区位选择影响因素的综合分析

由于企业对外直接投资区位选择时，在投资主体自身和被投资东道国区位影响因素之外，还受到其他因素的综合影响，如区域经济一体化程度、投资主体母国的政策等。

①区域经济一体化因素。区域经济一体化是经济全球化发展的必然结果，随着区域经济一体化的不断发展升级，区域经济一体化程度对企业对外直接投资区位选择决策产生重要影响。签署区域一体化协议的国家间，改善了贸易环境、扩大了市场规模、降低了资本跨国流动的风险，有助于企业减少对外直接投资成本、消除汇率风险。中国汽车企业对外直接投资时应优先选择签订区域投资、贸易协定的东道国或地区。

②投资主体母国政策因素。企业所在国对外直接投资政策影响了该国对外直接投资行为的导向，可在企业对外直接投资区位选择时产生有益动力。目前中国提出的"一带一路"倡议，加强对"走出去"企业进行服务支持，形成一系列政策鼓励对"一带一路"沿线国家开展国际贸易和投资，中国汽车企业应把握时代机遇，重点关注并选择相应目标国家进行对外直接投资。

5.2.3 中国汽车企业对外直接投资区位选择主要区域分析

根据从各汽车企业公开数据统计来看，目前中国汽车企业对外直接投资区位主要分布在亚洲、欧洲、拉丁美洲、非洲和北美洲五个地区。基于上述 OLIC（ownership, location, internalization, comprehension）理论模型，选取除企业自身因素之外影响目标区域的市场规模和经济水平、资源条件、基础设施、要素成本和劳动力成本、社会文化、制度环境、政治环境、区域合作协议、母国政策导向九大维度，对中国汽车企业对外直接投资的五大区域进行逐一分析。

（1）对亚洲相关国家进行对外直接投资的区位选择分析

亚洲相关国家是与中国最为临近的国家，在中国汽车对外直接投资统计中，中国对亚洲地区投资集中度最高，中国汽车企业在亚洲16个东道国中对外直接投资设厂，2个国家（韩国、日本）进行海外并购，1个国家（日本）设立海外研发中心，其中在越南、伊朗、马来西亚、印度尼西亚、泰国投资设厂数量占在亚洲地区投资的 69.77%，以下对上述投资东道国进行区位影响因素分析，如表 5.5 所示。

表 5.5 中国汽车企业对外直接投资亚洲主要国家区位优势分析

国家	市场规模和经济水平	资源条件	基础设施	要素成本和劳动力成本	社会文化	制度环境	政治环境	区域合作协议	中国政策导向
越南	2014 年 GDP1 840 亿美元，人均 GDP2 028 美元，消费总量约 1 370 亿美元	矿产资源较丰富	公路为主要运输形式，水运发展较快	劳动力资源丰富，总体教育水平偏低，人均月工资 202 美元	多民族国家，信仰佛教，崇尚儒家思想	各领域制度较为齐全，鼓励汽车生产投资	实行唯一政党制，较稳定	2006 年加入 WTO，参加 8 个经贸组织	"一带一路"沿线国家
伊朗	2014 年 GDP4 027 亿美元，人均 GDP5 165 美元；消费总量约 2 581 亿美元	石油储量世界第四，天然气储量世界第一，矿产资源丰富	公路和水运较发达，电信设施落后	劳动力资源丰富，教育普及率高，人均月最低工资约 380 美元	多民族国家，以信仰伊斯兰教为主	经济、贸易及法律制度相对健全，支持汽车产业发展并给予优惠政策	实行政教合一体制，无执政党，政治环境相对良好	未加入 WTO，是经合组织成员国	"一带一路"沿线国家
马来西亚	2014 年 GDP3 269 亿美元，人均 10 802 美元，消费总额 2 149 亿美元	世界第三大天然橡胶出口国，石油和天然气储量丰富	基础设施较完善，公路、水运网络发达	低端产业工人相对缺乏，人均最低月工资 512 美元	多民族国家，华人占 21.8%，便于中国投资交流	各领域制度较为完备	注册政党 40 多个，分执政党与反对党联盟，政局相对稳定	是 WTO、东盟等创始成员国，签署多项自由贸易协定	"一带一路"沿线国家
印度尼西亚	2014 年 GDP8 350 亿美元，人均 GDP3 531 美元，消费总额 4 592 亿美元	自然资源丰富，棕榈油产量世界第一，天然橡胶产量世界第二	基础设施滞后，物流成本高，电力普及率不足 75%	劳动力成本较低，人均月最低工资 225 美元	多民族国家，华人占 5%，在商贸及工业领域发挥重要作用	各项制度相对齐全，对新设汽车企业给予税收优惠政策	实行多党制，1997 年金融危机引起过局势动荡，近年总体稳定	是 WTO 和东盟成员国	"一带一路"沿线国家

国家	市场规模和经济水平	资源条件	基础设施	要素成本和劳动力成本	社会文化	制度环境	政治环境	区域合作协议	中国政策导向
泰国	2014年GDP3 690亿美元，人均5 379美元，消费总额1 695亿美元	矿产资源丰富，钾盐、锡储备量居世界首位	公路、水运发达，铁路落后，电力可基本满足需求	劳动力资源充足，人均月最低工资约300美元	多民族国家，华人占14%，对该国政治、经济、文化等影响重要	制度较齐全，贸易壁垒政策较多，鼓励运输工业、制造业投资	2014年发生军事变，由泰国军政府接管国家权力	WTO成员国，东盟创始成员国，与周边国家签署多项贸易协定	"一带一路"沿线国家
韩国	2014年GDP14 169亿美元，人均28 754美元，消费总额9 237亿美元	自然资源缺乏，矿产资源较少，主要依赖进口	基础设施完备，交通运输便捷，通信设施一流	劳动力素质较高，成本较高，人均月收入3 319美元	单一朝鲜民族国家，接受儒家传统思想	各领域制度完备	总统制国家，实行三权分立原则，政局相对稳定	WTO成员国，与中国签署中韩自贸协定	无
日本	2014年GDP46 163亿美元，人均36 331美元，汽车生产大国	自然资源非常贫乏，森林、渔业资源丰富，工业原料依赖进口	基础设施完备且发达	劳动力素质较高，成本较高，人均月收入2 125美元	以大和民族为主，与中国历史文化交流较多	各领域制度完备	君主立宪制国家，实行三权分立制，政治环境稳定	GATT、WTO、IMF、OECD、APEC、FTA等多项经贸组织成员	资金、技术引入国

数据来源：根据互联网信息收集整理。

（2）对欧洲相关国家进行对外直接投资的区位选择分析

欧洲的汽车工业发展不均衡，传统工业国家如英、德等国，汽车工业技术发展居于世界前列；而东欧部分国家，汽车工业则发展较缓慢。中国汽车企业在欧洲进行对外直接投资时，主要选择在俄罗斯、乌克兰进行投资设厂，合计占在欧洲投资设厂比例的73.9%；主要选择在英国、瑞典进行投资并购和设立海外研究中心。以下对上述投资东道国进行区位影响因素分析，如表5.6所示。

表 5.6 中国汽车企业对外直接投资欧洲主要国家区位优势分析

国家	市场规模和经济水平	资源条件	基础设施	要素成本和劳动力成本	社会文化	制度环境	政治环境	区域合作协议	中国政策导向
俄罗斯	2014 年 GDP18 492 亿美元，人均 12 868 美元	自然资源十分丰富，种类多，储量大，多项矿产资源储备居世界前列	公路交通较落后，铁路、航空和水运有一定基础	劳动力资源存在较大缺口，人均月收入 433 美元	多民族、多信仰国家，与中国历史文化交流较多	各领域制度较为齐全，鼓励外商直接投资汽车制造行业	实行总统制联邦国家体制，较稳定，腐败程度较高	WTO、APEC 成员国	战略协作伙伴
乌克兰	2014 年 GDP1 309 亿美元，人均 3 049 美元，拥有东欧最大市场	矿产资源、农产资源丰富，水利资源充足	公路建设维护不足，其他交通网络良好，电力生产大国	劳动力素质较高，人均月收入 505 美元	多民族国家，以乌克兰族为主，主要信仰东正教	各领域制度较为齐全，对外国投资者采取国民待遇原则	实行多党制，政局存在动荡，腐败程度较高	WTO 成员国，黑海经合组织创始会员国	"一带一路"沿线国家
英国	2014 年 GDP29 451 亿美元，人均 45 653 美元	矿产资源较丰富	基础设施发达，拥有世界级交通运输网络	汽车产业劳动力优秀，人均月工资 2 424 美元	以英格兰人为主，信奉基督教	各领域制度完备，外商投资享有国民待遇	君主立宪制国家，较稳定	WTO 创始成员国，G20 及欧盟周边区域性协定	资金、技术引入国
瑞典	2014 年 GDP5 582 亿美元，人均 57 300 美元	铁矿、森林、水力三大资源	基础设施发达，世界级交通运输网络	高等教育技术人员丰富，人均月工资 2 353 美元	民族成分简单，以瑞典人为主，多信奉国教基督教路德宗	各领域制度完备，鼓励汽车等行业投资，外资并购无行政审批	四党联合政府谨慎施政，政局总体平稳	WTO、GATT、欧盟成员国	第一个建交的西方国家

数据来源：根据互联网信息收集整理。

（3）对非洲相关国家进行对外直接投资的区位选择分析

非洲地区物产资源丰富，近年来经济发展速度较快，中国与非洲经济往来较频繁，尤其在非洲进行对外直接投资方面。中国汽车企业在非洲十个国家进行了投资设厂，但较为分散，其中主要集中在埃及、埃塞俄比亚和南非三个国家，投资设厂数量占该地区投资设厂数量比例的75%，如表5.7所示。

表 5.7 中国汽车企业对外直接投资非洲主要国家区位优势分析

国家	市场规模和经济水平	资源条件	基础设施	要素成本和劳动力成本	社会文化	制度环境	政治环境	区域合作协议	中国政策导向
埃及	2014年GDP2 864亿美元，人均3 304美元	水资源、土地资源丰富，矿产资源良好	基础设施相对完善，但面临老旧问题	劳动力资源十分充裕，人均月工资150~250美元	主要民族单一，信仰伊斯兰教，母语为阿拉伯语	各领域制度健全，内容相对简单	实行总统制，2011年以来政治局面多动荡，社会治安较差	东南非共同市场自由贸易区、发展八国集团等成员国	"一带一路"沿线国家
埃塞俄比亚	2014年GDP535亿美元，人均575美元	矿产资源储备良好，水资源丰富	基础设施落后，公路为主要运输方式，但规模有限	劳动力充足，薪资水平较低，人均月工资30~70美元	多民族国家，语言多样，宗教以东正教和伊斯兰教为主	各领域制度相对健全，给予汽车产品投资税收优惠政策	实行总统制，政局总体稳定，部分区域社会治安较差	东南非共同市场自由贸易区、欧盟关税优惠受惠国	无
南非	2014年GDP3 500亿美元，人均6 500美元	矿产资源种类多、储量大，海洋渔业、石油天然气资源丰富	基础设施较发达，拥有非洲最完善的交通运输系统	低技能工人数量充沛，人均最低月工资336美元	多种族多民族国家，官方语言种类较多，信仰多元化	各领域制度较为健全，给予鼓励汽车行业发展政策	实行三权分立制度，政治局面稳定	非盟、G20、金砖国家等国际组织成员国	无

数据来源：根据互联网信息收集整理。

（4）对拉丁美洲相关国家进行对外直接投资的区位选择分析

拉丁美洲地区是中国贸易的重要合作伙伴，当地市场容量较大，但发展相对落后。中国汽车企业在该地区的五个国家进行海外设厂，其中以巴西和墨西哥为主，合计投资设厂数量占该地区投资设厂数量比例的75%，如表5.8所示。

表5.8 中国汽车企业对外直接投资拉丁美洲主要国家区位优势分析

国家	市场规模和经济水平	资源条件	基础设施	要素成本和劳动力成本	社会文化	制度环境	政治环境	区域合作协议	中国政策导向
巴西	2014年GDP23 530亿美元，人均11604美元，市场规模拉美第一	矿产、森林、土地和水资源丰富，石油、天然气开发潜力巨大	基础设施落后，水路运输良好，运输成本高	劳动力充足，缺少高技能劳工，人均月收入520美元	多民族国家，以葡萄牙语为官方语言，主要信奉天主教	各领域制度较健全，鼓励汽车投资，优惠汽车行业税率	实行代议制民主政治体制，近年政局较动荡	里约集团创始国、南方共同市场、七十七国集团等成员国	无
墨西哥	2014年GDP12 827亿美元，人均10 715美元	矿产资源丰富，多种矿产资源产量居世界前列	基础设施良好，优于拉美地区平均水平	劳动力资源丰富，素质较高，成本较低，人均月工资295美元	多民族国家，西班牙语为官方语言，信奉天主教居多	各领域制度健全，法律制度内容繁杂，司法实行双轨制	毒品和有组织犯罪形势严峻，腐败严重，社会治安状况欠佳	经合组织成员国、G20成员国	无

数据来源：根据互联网信息收集整理。

（5）对北美洲相关国家进行对外直接投资的区位选择分析

美国是世界汽车工业发展强国，拥有世界汽车第二大市场和汽车产业领先的技术，中国汽车企业在北美洲地区投资目前仅在美国进行投资设厂、并购和设立海外研发中心，且主要集中于新能源汽车技术领域，如表5.9所示。

表 5.9 中国汽车企业对外直接投资北美洲主要国家区位优势分析

国家	市场规模和经济水平	资源条件	基础设施	要素成本和劳动力成本	社会文化	制度环境	政治环境	区域合作协议	中国政策导向
美国	2014 年 GDP174 189 亿美元，人均 54597 美元	农业、矿产、油气和森林资源丰富	基础设施非常发达	劳动力充足且素质较高，人均月工资4713 美元	多民族多元文化集聚地，主要以英国移民后裔为主，信奉基督教新教为主	各领域制度完善，对外资并购实施国家安全审查，对高技术汽车制造商提供贷款	实行共和制政体，三权分立制度，政局稳定	GATT创始国成员，WTO、北美自由贸易协定等成员国	资金、技术引入国

数据来源：根据互联网信息收集整理。

5.3 本章小结

本章通过对中国汽车企业对外直接投资中海外设厂、跨国并购及海外研发中心的区位分布现状进行梳理，分析总结了中国汽车企业对外直接投资区位选择的主要特征。运用 Dunning 国际生产折衷理论（OLI 范式），结合中国汽车企业对外直接投资的发展特征进行了适度的理论扩展，构建了从所有权优势、内部化优势、区位优势以及综合优势四维分析框架模型，阐述了影响中国汽车企业对外直接投资区位选择的十三项重要因素，并择取了除企业自身因素外的九大维度对中国汽车企业投资重点目标区域的主要被投资国，包括亚洲、欧洲、非洲、拉丁美洲和北美洲合计 17 个国家的区位选择优势展开了有针对性的逐项分析。

第六章 中国汽车企业对外直接投资战略分析

中国汽车企业的海外发展还处于初期的开创阶段。在由个体的对外直接投资逐渐转变为规模化的对外直接投资过程中，中国汽车企业进入国际市场的行为主要还是"机会诱发型"，大多数汽车企业比较注重短期利益，对于对外直接投资的未来发展没有进行深入的思考或制定相对明确的战略，这种发展状况对于中国汽车企业的可持续发展产生了一定的束缚。随着国际市场竞争日趋激烈，中国汽车企业应制定科学、明晰的海外发展战略，协调运用国际各种有利资源，实现在国际产业分工角色的上移，从而在全球竞争中处于更加有利的地位。

6.1 中国汽车企业对外直接投资战略现状分析

中国汽车产业与外资合资合作高速发展以来，关联产业多、带动性强，对国家经济增长具有重要的拉动作用，已经成为国家的战略性产业和国民经济的支柱产业。随着迈向海外发展中国汽车企业的不断增多，国家、行业和企业各个层面都逐渐形成了不同程度的对外直接投资战略。

6.1.1 国家层面的中国汽车产业对外直接投资战略

中国国家层面对于汽车产业的发展始终保持关注，并对其从国家战略的高度加以引导。在国民经济和社会发展五年规划纲要中均有提及，尤其在国家"十三五"规划中，首次就汽车产业的对外直接投资方面，提出"采用境外投资、工程承包、技术合作、装备出口等方式，加强汽车等重点行业的国际产能合作"。[1]

随着汽车产业海外事业的发展,中国已经开始将其纳入国家战略层面思考,虽然目前还仅停留在加强国际产能合作角度,但对中国汽车产业对外直接投资战略也提供了方向性的引导,国家层面的中国汽车产业战略内容如表 6.1 所示。

表 6.1 国家层面的中国汽车产业战略内容

文件 名称	发文 机关	发布 时间	涉及汽车产业相关内容
国民经济和 社会发展第 十个五年规 划纲要	国务院	2001 年	提高汽车及关键零部件的制造水平
国民经济和 社会发展第 十一个五年 规划纲要	国务院	2006 年	单独将"提升汽车工业水平"作为一整节内容,提出增强汽车工业自主创新能力,加快发展拥有自主知识产权的汽车发动机、汽车电子、关键总成及零部件。发挥骨干企业作用,提高自主品牌乘用车市场占有率。鼓励开发使用节能环保和新型燃料汽车。引导企业在竞争中兼并重组,形成若干产能百万辆的企业
国民经济和 社会发展第 十二个五年 规划纲要	国务院	2011 年	①汽车行业要强化整车研发能力,实现关键零部件技术自主化,提高节能、环保和安全技术水平 ②以汽车、钢铁等行业为重点,推动优势企业实施强强联合、跨地区兼并重组,提高产业集中度 ③大力发展节能环保、新一代信息技术、新能源汽车等战略性新兴产业 ④重点发展插电式混合动力汽车、纯电动汽车和燃料电池汽车技术
国民经济和 社会发展第 十三个五年 规划纲要	国务院	2016 年	①支持新一代信息技术、新能源汽车、等领域的产业发展壮大 ②以汽车、通信、工程机械、航空航天、船舶和海洋工程等行业为重点,采用境外投资、工程承包、技术合作、装备出口等方式,开展国际产能和装备制造合作,推动装备、技术、标准、服务走出去

---

[1] 新华社 . 中华人民共和国国民经济和社会发展第十三个五年规划纲要 [N].http://www.gov.cn/
xinwen/2016−03/17/content_5054992.htm,2016−03−17.

文件名称	发文机关	发布时间	涉及汽车产业相关内容
《中国制造2025》国家行动纲领	国务院	2015 年	①加快汽车、轻工、纺织、食品、电子等行业生产设备的智能化改造，提高精准制造、敏捷制造能力 ②加快提升产品质量。针对汽车等重点行业实施工业产品质量提升行动计划 ③节能与新能源汽车。继续支持电动汽车、燃料电池汽车发展，掌握汽车低碳化、信息化、智能化核心技术，提升动力电池、驱动电机、高效内燃机、先进变速器、轻量化材料、智能控制等核心技术的工程化和产业化能力，形成从关键零部件到整车的完整工业体系和创新体系，推动自主品牌节能与新能源汽车同国际先进水平接轨 ④"加强对外投资立法，强化制造业企业走出去法律保障，规范企业境外经营行为，维护企业合法权益。探索利用产业基金、国有资本收益等渠道支持高铁、电力装备、汽车、工程施工等装备和优势产能走出去，实施海外投资并购

资料来源：各期规划纲要文件。

6.1.2 行业层面的中国汽车产业对外直接投资战略

基于中国国家层面对汽车产业战略并未做出单独的发展规划，中国汽车工业协会在调查研究和征求业内主要企业意见的基础上，分别编制了《"十二五"汽车工业发展规划意见》（2012）《"十三五"汽车工业发展规划意见》（2016）以及《中国汽车产业国际化中长期 (2016—2025) 发展规划》（2016），虽然不是国家层面的汽车产业发展战略，但也融合代表了行业发展的主流战略思想。

随着中国汽车产业的发展和海外市场的开拓，对外直接投资重视力度和发展要求在汽车产业的发展战略中也逐级提升。形式上，从初期的五年规划意见，到目前在五年规划意见之外，又将汽车产业国际化中长期发展规划单独编制发布；内容上，从 2012 年提出通过对外直接投资的方式增强我国汽车产业全球配置资源能力，到 2016 年支持利用中国汽车产业在制造和资本方面的相对优势"走出去"对外投资,以及中国汽车企业在海外直接投资或合作项目大幅增加,国际化经营能力进一步增强,行业层面的中国汽车产业对外直接投资战略内容如表 6.2 所示。

表 6.2 行业层面的中国汽车产业对外直接投资战略内容

文件名称	发布时间	涉及对外直接投资的相关内容
"十二五"汽车工业发展规划意见	2012 年	①推动汽车产业外向型国际化发展,全面提高我国汽车产业的国际竞争力 ②推进企业"走出去"战略的发展,实现产品出口、技术出口和资本输出相结合 ③通过在境外建厂设点、建立境外研究开发中心、通过境内企业跨国并购的方式,增强我国汽车产业全球配置资源能力
"十三五"汽车工业发展规划意见	2016 年	①构建汽车出口大国基础,实现汽车产品海外销售(包括生产)300 万辆;建成 5 家具有国际竞争力的世界知名企业 ②认真贯彻落实国家"一带一路"倡议构想,制定立足长远的国际化战略。抓住世界汽车产业格局调整机会,利用中国汽车产业在制造和资本方面的相对优势,支持企业"走出去"对外投资
中国汽车产业国际化中长期 (2016—2025) 发展规划	2016 年	2025 年,将有 1~2 家中国汽车企业进入全球前 10 强,在国际市场拥有核心竞争力并成为国际知名品牌。中国品牌汽车在海外直接投资或合资项目大幅增加,国际化经营能力进一步增强,实现汽车产品海外销售(包括生产)占总规模的 10%

资料来源:根据中国汽车工业协会官方网站信息整理。

6.1.3 企业层面的中国汽车企业对外直接投资战略

随着企业战略理论的应用和推广,以及企业经营管理的需要,大多数的中国汽车企业都编制了企业自身发展战略,以指导企业未来的发展。在汽车企业国际化的过程中,对外直接投资活动不断增加,有实力的汽车企业也开始将其纳入企业战略管理之中。

根据对中国汽车企业对外直接投资战略制定情况整理发现:①在战

略制定程度上，中国汽车企业海外事业发展的不同阶段，产生了不同重点的国际化发展战略，目前已形成对外直接投资战略的企业还占少数，大多数企业仍以海外出口发展为主要战略内容。②在战略制定时间上，中国汽车企业国际化战略的制定都是在 2000 年以后，部分企业还未制定，说明中国汽车企业国际化战略的形成是随着其国际化实践而逐渐发展起来的。③在战略制定主体上，中国国有汽车企业几乎都已形成了国际化战略，民营汽车企业大多没有正式形成国际化战略，主要是以市场为导向的海外发展模式，企业层面的中国主要汽车企业对外直接投资战略概要如 6.3 所示。

表 6.3 企业层面的中国主要汽车企业对外直接投资战略概要

企业名称	企业性质	发布时间	国际化及对外直接投资战略相关内容
上汽集团	国有	2002 年	作为海外事业发展较早的汽车企业，上汽集团 2002 年就制定了全球化发展战略，力求实现从国内市场到国际市场的转变、从国产化到国际化的转变、从单一制造向多元化经营的转变。并提出国际化的战略目标：整车出口实现批量化突破、零部件出口实现规模化突破、海外公司建设本土化突破。经过多年的发展积累，上汽集团在"十三五"规划中，明确提出"努力成为全球布局、跨国经营，具有国际竞争力和品牌影响力的世界著名汽车公司"的战略目标
一汽集团	国有	2006 年	一汽集团自 2006 年开始，在"十一五"规划中将海外事业发展正式纳入其五大发展战略（产品与技术创新战略、整车发展战略、零部件及辅助体系战略、海外事业战略、体系能力建设战略）之一，明确了三步走的国际化战略，一是要加大出口量，二是要与国外研究机构合作进行自主研发，三是要进行海外设厂与并购。在经历了"十二五"的国际化探索实践后，将"十三五"规划作为国际化战略投入期，明确提出"打造具有国际竞争力的世界一流企业"的战略目标，以及"进一步以提升出口产品竞争力为核心，以加速海外生产基地建设为重点，强化海外品牌、营销、服务等体系支撑能力"的国际化战略
东风集团	国有	2006 年	东风集团于 2006 年成立了明确的海外组织机构后，开始制定长期的海外发展战略。自 2011 年推进海外事业战略转型，成立国际事业部，进一步清晰海外发展路线，并提出海外事业"DH310"计划，标志着东风集团海外事业开始由贸易型整车和零部件出口向资本和技术输出转变，由机遇出口向战略出口跨越。在"十三五"期间，东风集团将结合国家"一带一路"倡议，在海外资源利用、海外基础建设和国际化体系能力建设上取得突破，从一般性出口销售转向海外技术和资源并购、技术和产品海外输出

企业名称	企业性质	发布时间	国际化及对外直接投资战略相关内容
长安集团	国有	2007 年	长安集团早在 2007 年就制定了"8882"海外战略,在海外主推八款车型,形成八大核心市场,组建八大海外生产基地,实现海外销售 20 万辆的目标,逐步实现海外市场和国内市场共同发展的格局。但由于受到金融危机影响,未能严格推行。从 2012 年起,长安集团开始梳理整个海外重点区域的研究和布局,提出了"CA4133"的全球战略,"4"是指 2020 年长安海外市场销量达到 40 万台;"1"是指形成 10 大海外市场;"33"是指巴西、俄罗斯、伊朗三大制造基地建设,以及实施北美、欧洲、右舵车三大战略市场预研,涉及了海外市场规模、投资进程和实施举措等多个层面
北汽集团	国有	2013 年	北汽集团于 2013 年 6 月正式发布国际化战略,并成立了承载这一战略的北京汽车国际发展有限公司。北汽国际战略目标是 2020 年在全球设立七大运营中心,在 30 个国家设立本地化的管理机构,建立"BRIMS+IT"的国际战略市场计划,包括:一期重点研究的巴西、俄罗斯、伊朗、墨西哥、南非,作为后续市场进行预研的印度尼西亚和土耳其。北汽的国际化模式定义为产业链转移,初期是建 KD 工厂组装,然后组建合资公司,在当地开展国产化项目,比如当地采购、利用当地网络布局等,甚至实现当地研发
广汽集团	国有	无明确时间	广汽集团海外事业启动较晚,迄今未正式发布国际化战略,在其正式发布的"十三五"战略规划中,提出基于"1 个目标、5 大板块、1 个重点、3 大突破"的"1513"战略对未来五年的整体发展与战略进行了全面布局。其中在"3 大突破"子战略中,提到要"全面实现电动化、国际化、网联化三个方面的重大突破"
长城汽车	民营	无明确时间	长城汽车从 1998 年开始出口以来,进入了国际化发展阶段,通过产品出口与 KD 组装并举的模式进行,但长城汽车初期的国际化是属于"无意识"的国际化,没有提升到正式的战略高度,只是以市场为导向的海外发展。在之后的发展过程中,长城汽车逐渐开展国际合作,制定了"聚焦 SUV,将哈弗打造成世界级的 SUV 专家品牌"的战略导向,以国际化品牌发展为目标,通过 KD 工厂建设、全球网络建设、国际化赛事营销、高端市场开拓等方式开展全球业务

企业名称	企业性质	发布时间	国际化及对外直接投资战略相关内容
吉利汽车	民营	无明确时间	吉利汽车2003年首批轿车出口海外，迈出了海外发展的第一步，并将吉利汽车的海外发展分为三步走：第一步是将吉利汽车销往中东、北非、中南美洲等发展中国家，为吉利在国际市场的发展打好基础。第二步是迈向东欧、俄罗斯、东南亚等国家和地区，在进行海外销售之外，还将进行CKD组装的尝试。第三步是进入汽车的发源地欧洲和美国，这两个全球最大的汽车市场，也是汽车工业发展水平最高、竞争最激烈的地区。吉利汽车在"十一五"发展规划中提出，争取未来用三至五年时间，实现从单纯的低成本战略向高技术、高质量、高效率、国际化的战略转型。其并未制定正式的国际化发展战略，但始终秉持"让吉利汽车进入全球市场，在全球市场有非常重要的地位"的发展理念，以市场为主导发展，适时开展跨国并购，在对外直接投资发展方面取得较好的成绩
奇瑞汽车	国有	无明确时间	奇瑞汽车几乎是"国内"与"国外"同时起步发展，2001年，奇瑞第一批轿车出口叙利亚，迈开"走出去"步伐，并一直在进行国际化市场的开拓和探索。随着国内外环境的变化与奇瑞汽车自身技术和品牌影响力的提升，实施从"走出去"到"走进去"的战略转型，逐步在一些重要市场建立生产基地。进入"十三五"，奇瑞国际化战略进入了2.0时代，企业将从单纯的产品输出，逐步过渡到技术、管理和品牌输出。持续推进深度的本地化发展战略，最终实现研发当地化，采购当地化，制造当地化，人员管理当地化，并将自身先进的技术、品牌和企业文化与当地市场实现高度融合
比亚迪汽车	民营	无明确时间	比亚迪汽车从进入汽车产业开始，就坚持高起点和高标准的发展战略，主要依靠其新能源技术，进而推动汽车产品的国际化发展
江淮汽车	国有	2006年	江淮汽车自1990年开始出口玻利维亚，进入摸索国际化的发展阶段，在2006年正式发布了国际化战略的"三阶段"，首先是地理范围逐步扩张，从东欧、中东、非洲向西欧进军，以及从南美、中南美向北美挺进，最终进入全球市场；其次是经营方式逐渐深入，从单纯汽车出口到KD工厂，再到合资成立制造企业；最终，实现从输出产品，到输出技术、管理和资本，再到输出自己的汽车文化

续表

企业名称	企业性质	发布时间	国际化及对外直接投资战略相关内容
华晨汽车	国有	2008年	华晨汽车2008年提出的"3+1"海外发展战略，确定了欧洲、北美和俄罗斯三大战略市场，及传统的非洲、中东、中南美洲等其他市场，但作为初期的海外发展战略还是以出口为主。随着海外市场的不断发展完善，在原有战略基础上，推进三个转移战略：出口外贸的销售前移，整车业务逐步向KD业务转移，技术和资本输出、采取技术合作方式在出口国投资建厂。"十三五"期间，华晨汽车提出新的海外战略目标：在非洲、西亚、中南美洲、东欧等地区建立海外生产基地，初步完成海外布局，集团出口实现占整车销售20%以上的目标（其中海外基地生产占出口整车的40%）

资料来源：根据各汽车企业公开信息整理。

6.1.4　中国汽车企业对外直接投资战略现状小结

中国汽车企业对外直接投资战略目前发展还较不成熟。在国家层面，将汽车产业作为加强国际产能合作的重点产业上升到国家战略层面，显示出国家对汽车产业的重视；在行业层面，将汽车企业对外直接投资战略的表述力度逐期升级，提出了增加中国汽车企业对外直接投资或海外合资的中长期战略目标。但无论是国家层面还是行业层面，都缺乏中国汽车企业对外直接投资战略的相对细化的进一步指导。尤其是在企业层面，虽然部分汽车企业已经制定了国际化战略，但制定的标准主要是根据现阶段的海外市场发展导向，大多缺少对企业未来海外发展尤其是对外直接投资战略的综合预判和统一规划。

6.2　中国汽车企业对外直接投资战略模型构建

目前中国汽车企业对外直接投资战略制定程度不一致，主要还是以各企业现阶段的国际化发展实践为出发点形成，缺乏相对科学性的分析和研判。K.R.Andrews（1965）在其著作《商业政策：原理与案例》

中区分了战略的制定与实施，提出企业战略的形成就是使企业的内部条件因素与外部条件因素相适应，能够将企业内部的优势（strength）、劣势（weakness），与企业外部的机会（opportunity）、威胁（threat）相匹配协同，实现这四个要素的契合，即战略制定的 SWOT (strengths, weaknesses, opportunities, and threats) 分析模型。然而，在中国汽车企业对外直接投资战略的制定过程中，除企业常规战略因素外，还应考虑其对外直接投资优势战略。M.E.Porter（1990）提出的以产业结构分析为基础的竞争战略与优势理论，[1] 能够更好地解释中国汽车企业对外直接投资的竞争优势。

竞争优势理论分析模型又称钻石理论分析模型，是由彼此相互作用的四项关键要素组成。第一项是生产要素，是指一个国家在特定产业竞争中有关生产方面的表现，可分为初级生产要素和高级生产要素；第二项是需求条件，主要指本国市场对该项产业所提供产品或服务的需求；第三项是相关与支持性产业，主要包括相关产业的上游供给等；第四项是企业战略、结构和竞争对手的表现，主要指企业在一个国家的基础、组织和管理形态，以及国内市场竞争对手的表现。在四项关键要素之外，还存在着两项辅助要素：机会和政府。其中，机会是无法控制的，而政府政策的影响是不可忽视的，波特钻石理论分析模型如图 6.1 所示。

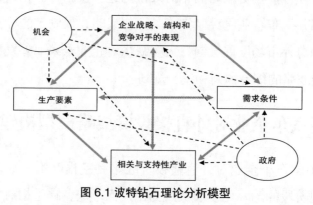

图 6.1 波特钻石理论分析模型

[1] Porter M E.The Competitive Advantage of Nations[M]. New York:The Free Press，1990:427.

资料来源：迈克尔·波特：《国家竞争优势》，华夏出版社 2002 年版。

通过将经典企业战略理论引入现代企业战略理论中的竞争优势理论，对缺少竞争因素分析视角的经典企业战略理论拓展补充，构建起中国汽车企业对外直接投资战略理论分析模型——基于竞争优势理论的 SWOT 分析模型。将中国汽车企业内部资源和外部环境的竞争优势有机结合起来进行分析，以形成更具国际竞争力的中国汽车企业对外直接投资战略对策。

6.3 中国汽车企业对外直接投资战略模型分析

6.3.1 生产要素的 SWOT 分析

在本模型中，生产要素就是中国汽车企业竞争中有关生产方面的要素和表现。主要包括：自然资源、人力资源、技术资源、资本资源和基础设施。

（1）生产要素情况

首先，在自然资源方面。由于汽车产业是资源消耗性产业，涉及的相关产业和需要的原材料均较多。据统计，全球每年钢材产量的 15%、铝产量的 25%、橡胶产量的 50%、塑料产量的 10% 等均用于汽车产业。[1]此外，生产后的汽车运行需要消耗汽油、柴油、天然气或其他新能源燃料，对自然资源的需求较大。中国地大物博，自然资源丰富多样，潜力巨大，为中国汽车企业的快速发展提供强有力的支撑。但中国人均资源拥有量较低，如煤、石油、天然气等人均资源拥有量仅为世界人均水平的 55%、11% 和 4%，且长期、大量的粗放式发展方式，消耗了大量的自然资源，近年来对国外资源的依存度日益提高。2016 年，中国汽车产业所需主要资源对外依存度均已达到较高水平，其中石油对外依存度为

---

[1] 张江湖. 全球汽车工业扫描 [J]. 中国科技财富，2005(3):38-45.

65.4%、天然气对外依存度为34.00%。汽车产业消耗主要的原材料资源中，铁矿石对外依存度为87.30%、铝土矿对外依存度为44.47%、天然橡胶对外依存度为76.57%。中国汽车企业所需主要资源对外依存度情况如表6.4所示。

表6.4 中国汽车企业所需主要资源对外依存度情况（2010—2016年）

资源名称	2010年	2011年	2012年	2013年	2014年	2015年	2016年
石油对外依存度	53.70%	55.20%	56.40%	58.85%	59.50%	60.60%	65.40%
天然气对外依存度	11.80%	24.30%	28.90%	31.60%	32.20%	32.70%	34.00%
铁矿石对外依存度	53.60%	63.50%	67.90%	68.98%	78.50%	84.00%	87.30%
铝土矿对外依存度	40.60%	49.91%	45.73%	60.08%	43.56%	46.20%	44.47%
天然橡胶对外依存度	73.03%	74.28%	73.28%	74.55%	75.43%	76.94%	76.57%

资料来源：根据国家统计局各年度统计公报、wind数据整理。

其次，在人力资源方面。中国汽车企业人工成本与国外同业相比，具有较大的竞争优势，尽管这一优势正在逐渐缩小。根据德勤汽车行业服务组调研显示，国外领先车企2012年人工成本占营业收入的比重区间为10.6%~15.3%，而国内领先车企人工成本占营业收入的比重区间为7.4%~8.3%；国外领先车企单位人员成本区间为35.3万元／人~50.7万元／人，而国内领先车企单位人员成本区间为5.9万元／人~14.6万元／人。此外，中国汽车产业劳动生产率（汽车工业增加值与汽车工业从业人数比率）提升明显，从2001年的人均6.93万元／年，增加至2013年的人均25.25万元／年，增幅达264%。汽车产业人才结构方面，汽车产业人员知识结构偏低、年龄结构偏向成熟化。[1] 根据北森大数据《2016汽车行业社会招聘分析报告》公布调研数据，2015年汽车行业人

[1] 德勤汽车行业服务组．整车企业收入和成本现状研究白皮书[R/OL].https://www2.deloitte.com/cn/zh/pages/manufacturing/articles/benchmark-research-on-revenue-cost-automotive-oem-china.html，2014.

才学历方面，大专占 41.77%、本科占 32.28%、中专占 18.20%、硕士占 7.51%、博士占 0.24%。汽车行业人员从业年限方面，5~10 年最多，占总体比例 38.8%，其他依次是 3~5 年占 20.4%，10~15 年占 16.8%，1~3 年占 16.1%，1 年占 4.2%，15 年以上占 3.7%。[1] 随着国内汽车市场的不断扩大和汽车保有量的逐渐增加，汽车产业岗位需求越来越多，然而，中国人口自然生长率整体进入下降周期，自 1980 年至 2015 年，年均下降 2.21%，2016 年略有回升；全国制造业人均工资水平逐年上涨，在历经 10 年快速上涨后，至 2016 年已经达到 2005 年的 3 倍 [2]；汽车产业人才开始呈现出总量供给不足、人均成本逐渐增加等特点。

第三，在技术资源方面。世界上各主要汽车企业均重视汽车技术的研发投入，随着中国汽车企业逐步参与国际竞争，对技术的重视程度也日益加深，开始增加大量资金投入用于技术研发和购买先进技术，虽然目前与国外同业相比还有较大的差距，但已代表中国汽车企业在技术投资观念上大幅的转变。中国汽车产业技术能力指数在 2001 年仅为当年世界先进水平的 20.75%，到了 2013 年虽有所提升，但也仅为世界先进水平的 37.5%。研发投入强度方面，中国汽车产业 2001 至 2013 年的研发投入资金年均复合增长率为 23.36%，高于汽车营业收入的 19.79%，但总体水平较低仍属于中低研发强度。研发人员强度方面，2001—2013 年中国汽车产业研发人员数量年均复合增长率为 15.68%，高于全行业从业人员的 7.02%。人均研发专利数量方面，每百名研发人员的发明专利数量从 2001 年的 4.51 件增加至 2013 年的 11.88 件，增幅达 163%，但该指标仍为当年世界先进水平的 39%。[3] 总体而言，我国汽车产业技术能力

---

[1] 北森大数据 .2016 汽车行业社会招聘分析报告 [R/OL].https://www.beisen.com/res/article/3319. html，2016.

[2] 英国金融时报 . 中国制造业平均工资超过拉美 [N].http://www.ftchinese.com/story/001071536，2017.

[3] 中国汽车工程学会 , 中国汽车技术发展报告 :2014-2015[M]. 北京：北京理工大学出版社，2015：212.

已经开始不断提升，并取得一定效果，但与国际先进水平相比，差距依然很大。

第四，在资本资源方面。随着中国汽车市场多年的持续攀升，中国汽车企业经营积累了大量的资本资源。近年来，中国货币政策相对宽松，通过多次降准降息刺激经济增长，降低了企业融资成本，为供给侧结构性改革营造适宜的货币金融环境，为国企和民企提供了相对较低成本的资本资源。而且国内 A 股上市汽车企业受 A 股市场整体估值偏高影响，企业产生较高溢价，增加额外资本资源。

第五，在基础设施方面。随着中国经济的快速发展，国内基础设施呈现出不断完善的发展态势。据国家统计局发布信息，2019 年，全国固定资产投资 (不含农户)551 478 亿元 , 比上年增长 5.4%，加快七大类工程包建设：信息电网、油气等重大网络工程、健康养老服务、生态环保、清洁能源、粮食水利、交通、油气及矿产资源保障工程。[1] 其中与汽车产业发展密切相关的交通运输类基础设施中，铁路营业里程、高速公路里程、内河航道里程、定期航班通航机场都在逐年快速增加，如表 6.5 所示。

表 6.5 2011—2016 年中国主要交通运输基础设施指标情况

主要基础设施指标	2011 年	2012 年	2013 年	2014 年	2015 年	2016 年
铁路营业里程（万千米）	9.32	9.76	10.31	11.18	12.1	12.4
高速公路里程（万千米）	8.49	9.62	10.44	11.19	12.35	13.0
内河航道里程（万千米）	12.46	12.5	12.59	12.63	12.7	12.71
定期航班通航机场（个）	178	183	190	200	206	218

资料来源：根据国家统计局各年度统计公报整理。

（2）SWOT 分析

基于钻石理论的生产要素 SWOT 分析

基于钻石理论的生产要素SWOT分析	优势 (S): ①中国自然资源丰富,可为汽车产业提供良好的发展基础; ②中国较低的人力成本和较高的劳动生产率优势,为汽车产业保持较高的盈利能力; ③中国汽车企业技术研发投入强度、研发人员强度、人均研发专利数量逐年递增; ④中国汽车企业多年的经营发展,积累了雄厚的资本资源	劣势 (W): ①中国汽车产业人才结构整体学历水平偏低,年龄结构偏老化; ②中国汽车产业技术发展基础较差,技术程度较国际领先水平仍存在较大差距
机会 (O): ①能源安全和资源危机已成为全球性问题,中国新能源汽车产业开始发展布局; ②中国实施相对宽松的货币政策,为汽车企业规模化发展提供较低的融资成本支持; ③中国基础设施投资平稳增加,基础设施持续完善; ④中国外汇储备的增加和人民币汇率的上升,推动中国汽车企业对外直接投资	SO 战略: S(1)O(1):集中中国优势自然资源基础,加快发展新能源汽车产业; S(4)O(1):增加新能源汽车产业资本投入,抢占发展战略先机	WO 战略: W(2)O(1):加快发展基础相近的新能源技术研发,缩小未来汽车产业主要领域竞争差距; W(2)O(2):加大中国汽车产业技术研发投入,获得并保持竞争优势; W(2)O(4):加快中国汽车企业海外投资并购,获取先进汽车产业技术
威胁 (W): ①中国汽车产业所需主要自然资源对外依存度逐步增加,且已达到较高水平; ②中国汽车产业人力资源供给总量不足,较低的人力成本优势正在逐渐消失	ST 战略: S(1)T(1):在汽车产业主要资源密集国家或地区,开展对外直接投资生产; S(2)T(2):加强中国汽车产业自动化技术研发升级,降低人工处理环节比例; S(3)T(2):设立海外技术研发中心,增加中国汽车产业技术人员海外人员比例; S(4)T(2):加大中国汽车企业人才开发与储备投入,以有利条件获取高素质国际化人才	WT 战略: W(1)T(2):通过对外直接投资,转移中国汽车产业到人力相对充足、成本相对低廉的国家或地区生产

6.3.2 需求条件的 SWOT 分析

在本模型中，需求条件主要指本国市场对汽车产业产品和服务的需求。

（1）需求条件情况

中国经济目前正处于周期性放缓和结构调整时期，汽车产业变革创新、转型升级速度明显加快。根据中国产业信息网统计数据，2016 年末，我国每千人的汽车保有量是 140 辆，而同期世界平均千人汽车保有数量为 158 辆，在美国为 800 辆、德国为 572 辆、日本为 591 辆、韩国为 376 辆，可见目前我国汽车市场与欧美日韩等发达国家成熟市场相比存在较大差距，汽车消费刚性需求旺盛，未来汽车市场仍有上升空间。[1]

2016 年中国城镇居民可支配收入达 30 733 元，同比增长 8.9%，农村居民人均纯收入达 16 021 元，同比增长 9.6%。[2] 随着国民收入水平平稳上升，一、二线城市换购需求持续增加，三、四线市场已经进入汽车消费的高速增长期。2016 年汽车消费市场数据显示，湖北、江西的年增幅超过 15%，重庆、四川、河南、湖南、安徽、贵州等地年增幅均超过10%，汽车消费增长需求正加速向中西部的三线以下中小城市集中，特别是人口在 50~100 万的四线城市。[3] 1980—2019 年中国城镇居民可支配收入和农村居民纯收入情况如图 6.2 所示。

[1] 繁一 . 2017 中国汽车市场的动态和趋势 普华永道汽车研究院预见汽车市场未来 [J]. 汽车与配件，2017(29):39–41.

[2] 新华网 . 统计局：2019 年全国居民人均可支配收入超 3 万元 [EB/OL].http://www.xinhuanet. com/2020–01/17/c_1125473273.htm，2017–01–17.

[3] 尼尔森 .2016 年全球和中国汽车消费需求趋势白皮书 [R/OL].2016 年，http://www.lifestyletrack. com/cn/zh/insights/news/2016/nielsen-releases-2016-global-and-china-vehicle-consumption-trend-white-paper.html，2016–04–26.

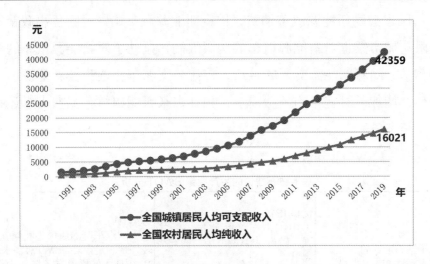

图 6.2 1990—2019 年中国城镇居民可支配收入和农村居民纯收入情况
资料来源：Wind 数据库。

随着新车的升级换代和购买力的不断提升，汽车消费升级推动着高端化的产品需求不断增长。根据全国乘用车市场信息联席会和中国产业信息网数据统计显示，乘用车平均售价从 2010 年的 15.3 万元降至 2016 年的 15.0 万元。10 万元及以下车型的销量比例从 39% 降至 32%，10 万~20 万元之间的比例从 42% 增长到 49%。

汽车营销模式正在由单一的 4S 店模式，快速向多种模式转变。汽车商业综合体和汽车城市综合体正在高速发展，并形成国内汽车市场最重要的主流趋势之一。汽车营销及后市场正在引进开拓汽车电子商务，与互联网的合作越来越广泛深入，汽车消费和服务更加便捷。新的汽车营销格局有助于促进对汽车消费需求的加速提升。

国家新型城镇化战略不仅促进汽车销售的刚性需求，而且对汽车后市场大发展带来了更大的发展机遇，市场规模将随着国家城镇化高速发展而扩大，开创新的汽车消费需求。此外，国家城镇化的推广、基础设施建设的加快、城市间物流需求的增加，促进了对载货车等商用车的消费需求。

国家鼓励新能源汽车消费，推行新能源汽车购置税收优惠政策，在限购城市禁止对新能源汽车的购买限制，拉动了对新能源汽车的消费需求。随着新能源交通的推广，传统公交客车将逐步被新能源客车替代，增加了对客车的消费需求，预计未来新能源汽车消费需求还将呈增长态势。

（2）SWOT分析

基于钻石理论的生产要素 SWOT 分析

基于钻石理论的需求条件 SWOT 分析	优势 (S): ①中国汽车产品质量不断增强，较好地满足市场消费升级需求； ②中国汽车营销方式转变为汽车商业综合体及电子商务等新形式，促进消费需求提升	劣势 (W): ①中国汽车产品质量不断增强，较好地满足市场消费升级需求； ②中国汽车营销方式转变为汽车商业综合体及电子商务等新形式，促进消费需求提升
机会 (O): ①中国汽车市场容量和潜力较大，汽车消费刚性需求旺盛，未来汽车市场仍有上升空间； ②中国国民收入水平平稳上升，促进汽车市场消费； ③汽车消费升级推动高端化的产品需求不断增长； ④国家城镇化发展战略，促进汽车市场规模提升； ⑤国家鼓励新能源汽车消费，加速新能源汽车市场需求提升	SO 战略： S (1) O (3)：持续提升中国汽车产品质量，满足消费升级和产品高端化需求； S (2) O (1)：加快汽车营销网络向三四线城市倾斜，运用电子商务等方式拓展潜力市场需求	WO 战略： W (1) O (2)、O (3)：打造中国汽车品牌高端化产品，满足汽车消费升级需求； W (1) O (5)：研发中国汽车品牌新能源高端化技术，减少与发达国家汽车企业新能源技术差距； W (2) O (1)、O (4)、O (5)：加快中国产业汽车后市场服务布局与能力提升，做好对汽车产业的支撑保障
威胁 (W): ①大型城市交通拥堵引发限购和限行政策，限制了城市汽车的市场需求； ②环境污染重视程度提升，环境治理与排放标准提升，限制了大排量汽车的消费需求	ST 战略： S (2) T (1)：以多种新型营销方式替代限购城市原有营销网络布局，降低营销成本	WT 战略： W (1) T (1)：加强限购城市中国汽车品牌高端化产品投入，满足现有车辆换购升级需求

6.3.3 相关与支持性产业 SWOT 分析

在本模型中，相关与支持性产业是汽车产业的相关上游产业，主要包括零部件产业、钢材产业、橡胶产业和汽车电子产业。

（1）相关与支持性产业情况

汽车零部件产业是汽车产业的组成部分，是汽车产业发展的重要基础。2015 年末中国汽车零部件企业数量 12 093 家，其中汽车零部件制造业规模以上企业主营业务收入达 32 117.23 亿元，同比增长 8.30%。[1] 汽车销量和保有量的不断增加，促进汽车零部件市场的快速发展，目前我国已基本建立了较为完善的零部件配套供应体系和售后服务体系，为汽车产业发展奠定了良好基础。随着零部件产业全球化的发展，国内零部件企业结束了面向单一汽车企业或单一配套市场的局面，加大了零部件产品的出口。2015 年，累计出口金额 619.17 亿美元，同比下降 4.18%，累计进口金额 320.65 亿美元，同比下降 14.61%，呈现较大贸易顺差，显示我国零部件制造水平的提高和国产化水平的进一步提升。[2]

目前，中国汽车零部件产业技术创新投入增加，对国外优秀零部件企业并购增加，研发中心投资和建设步伐加快，促进零部件企业竞争力的持续提升。但中国汽车零部件企业发展也存在一些问题，如产业布局分散，企业数量多、实力弱，缺乏规模效应；结构性失衡，产品线单一，技术含量低；自主汽车零部件企业产品质量相对不高，耐久性差、稳定性不足；零部件产业核心技术和管理人才缺乏，缺少人才发现、培养和留用的氛围和机制等。

钢材是汽车制造的主要原料，一辆汽车的原材料中，钢材所占比例达 72%~88%。2016 年，汽车产业用钢需求占钢铁总需求的 8% 左右。但

---

[1] 前瞻数据库 . 汽车零部件产值超 3 万亿 行业整体毛利率稳定 [EB/OL]. https://d.qianzhan.com/xnews/detail/541/171109−45661659.html，2017−11−09.

[2] 中国汽车工业协会，中国汽车工程研究院 . 中国汽车零部件产业发展报告：2015-2016[M]. 北京：社会科学文献出版社，2016：3−5.

由于汽车用钢主要为冷轧板和热轧板两大类，目前国内仅有宝钢、鞍钢等大型钢厂可以生产，国内生产的汽车用钢不能完全满足汽车产业发展需求，每年仍有 10% 左右汽车钢材需从韩国或日本进口。[1]

2018 年中国粗钢产量 9.3 亿吨、占全球粗钢产量的 51.3%，达到 2009 年以来最高值，排名全球第一。与此同时，2006 年起我国成为全球第一大钢材出口国，但自 2016 年开始，我国钢材出口量开始呈现下降趋势。数据显示，2018 年我国出口钢材总量为 0.69 亿吨，同比减少 8.1%。中国钢铁产业显现出产能依然过剩、技术含量低下、盈利能力弱的情况，高端钢材依赖进口，仍需加速转型和升级。[2]

橡胶在汽车产业的应用较为广泛，如轮胎、传送皮带、各种胶管制品等。汽车产业占全球每年橡胶消耗量的 70% 以上，其中 60% 用于轮胎。[3]中国橡胶产业得益于汽车产业的高速发展，从 2010 年以来呈现不断增长的发展趋势，至 2015 年年均增幅达 10.03%。2015 年，我国国内规模以上轮胎生产企业 500~600 家，总产能 8 亿条，当年总产量 5.65 亿条，连续十年世界产量第一，其中出口量占 40%。[4]受世界经济形势疲弱、国际贸易摩擦加剧影响，中国橡胶产业面临同质化产能过剩、成本上涨、品牌影响力弱等问题，需要加强技术创新，提高橡胶产业信息化和自动化水平。

汽车电子产业是将电子信息技术应用到汽车所形成的新兴行业，集电子技术、信息技术、计算机技术及汽车技术等于一体，对汽车的动力、安全、娱乐等性能提高起到关键的作用。目前全球汽车电子产业发展主要集中于欧美、日本等传统汽车市场所在的发达国家，中国汽车产业的繁荣带动了汽车电子行业的快速发展，根据前瞻数据库数据显示，2016

[1] 佚名 . 汽车用钢的开发现状及发展趋势 [J]. 山东冶金 (2):15–18.

[2] 中国报告网 .2019 年我国钢材出口量情况 近几年来呈下降态势 [EB/OL].http://market.chinabaogao.com/yejin/05214234452019.html，2019–05–21.

[3] 钱伯章 . 轮胎工业的可持续发展之路 [J]. 橡胶科技，2007, 5(8):4–9.

[4] 中国产业信息 .2016 年我国轮胎行业现状及发展前景分析 [N]. http://www.chyxx.com/industry/201605/414617.html，2016–05–10.

年中国汽车电子产业市场规模达 740.6 亿美元，同比增长 12.7%。[1] 随着消费者对汽车性能需求的不断提高，汽车电子产品在汽车中的应用范围越来越广，在汽车成本中所占比例越来越高，尤其是新能源汽车的发展，对汽车电子产品的需求更大，将进一步推进汽车电子产业快速增长。

（2）SWOT 分析

基于钻石理论的生产要素 SWOT 分析

基于钻石理论的相关与支持性产业 SWOT 分析	优势 (S)： ①中国汽车零部件产业发展迅速，已为汽车产业发展建成良好的配套体系； ②中国汽车零部件产业研发投入加大，促进产业技术转换和竞争力提升； ③中国橡胶产业总产能及产量较高，居于世界前列	劣势 (W)： ①中国汽车零部件产业布局分散，产品质量相对不高； ②中国汽车零部件产业核心技术含量低、缺少相应人才及人才机制； ③中国汽车产业所需特种钢材不能自给自足，还需从国外进口； ④钢铁产业当前产能过剩、技术含量低、企业盈利能力弱； ⑤中国橡胶产业同质化产能过剩、品牌影响力较弱
机会 (O)： ①中国汽车零部件企业发展规模提升，加大了零部件产品的海外市场出口； ②中国消费者对高端汽车产品的需求增加，及中国新能源汽车的推进实施，加速了汽车电子产业的发展	SO 战略： S(1)O(1)：推进中国汽车零部件产业海外规模化发展，转移过剩产能； S(1)T(1)：加快中国汽车零部件产业在国外相关资源充足的国家或地区投资生产； S(2)O(2)：继续增加中国汽车零部件产业研发投入，获得并保持技术优势	WO 战略： W(2)O(1)：加强中国汽车零部件企业的海外发展并购，获取先进技术，提升产品价值含量
威胁 (W)： ①国内资源较高的对外依存度，增加了钢铁产业和橡胶产业的成本，限制了相关产业的快速发展； ②国家加强对环境问题的重视与治理，重污染生产的中国橡胶产业发展受限	ST 战略： S(3)T(1)、T(2)：支持中国橡胶产业海外设厂生产，降低原材料获取成本，优化国内生产布局	WT 战略： W(3)、W(4)T(1)：减少中国汽车低端钢材产能，加强技术研发投入，向高端产品转型升级； W(5)T(1)、T(2)：向海外转移中国橡胶产业同质化产能，提升橡胶产业技术研发水平

6.3.4 企业战略、结构和竞争对手表现的 SWOT 分析

[1] 前瞻数据库 .2016 年我国汽车电子市场规模达 740.6 亿美元 [DB/OL].https://d.qianzhan.com/xnews/detail/541/170109-4afd7e9c.html，2017-01-09.

在 SWOT 模型中，企业战略、结构和竞争对手表现主要包括汽车企业的组织和管理形态、汽车企业的战略程度、汽车产业的结构表现、汽车产品的结构表现、汽车企业与竞争对手品牌销量表现、汽车企业与竞争对手品牌质量表现。

（1）企业战略、结构和竞争对手表现情况

在组织和管理形态方面，中国汽车企业经过半个多世纪的发展，尤其在发达国家跨国汽车企业进入中国合资合作之后，吸收了大量优秀的企业管理方式方法，并结合中国汽车企业自身发展特点应用到企业管理实践中，取得了良好的绩效。如在组织结构体系管理方面，引入了美国摩托罗拉公司推行的 6σ（six sigma）管理法，对汽车生产流程进行评估、改进和控制，促进汽车生产在质量和收益水平上的提高（慈铁军，2006）。[1] 在成本管理方面，引入了日本丰田汽车公司的精益生产管理模式，对传统模式进行调整，促进我国汽车制造企业提高成本管理水平（胡适、蔡厚清，2010）。[2] 在现场管理方面，引用日本企业提出并在丰田汽车公司广泛推行和倡导的 5S 管理方法，即整理（seiri）、整顿（seiton）、清扫（seiso）、清洁（seikeetsu）和素养（shitsuke），提升现场管理以获得持续的竞争优势（张旭明，2011）。[3] 此外，中国汽车企业产生了较多的上市公司，加强了公司治理结构的完善。整体而言，通过现代管理实践、借鉴学习同业优秀管理经验，中国汽车企业管理水平与成立初期相比已得到很大的发展，但与发达国家先进管理方式方法仍存在较大差距。

在企业的战略程度方面，中国汽车企业均制定了相对明确的企业发展战略，因企业发展程度不同，企业战略制定情况也有所不同，如倾向于建立自主品牌战略、绿色新能源战略、国际化战略、技术创新战略、成本领先战略，部分企业战略集成了多元化视角，设定了更高的生产和销售目标、增加了新能源和智能网联汽车发展趋势等内容。目前来看，

[1] 慈铁军. 汽车制造企业实施 6σ 管理的组织结构体系研究 [J]. 机械管理开发，2006(6):111–113.

[2] 胡适，蔡厚清. 精益生产成本管理模式在我国汽车企业的运用及优化 [J]. 科技进步与对策，2010,27(16):78–81.

[3] 张旭明. 汽车企业实施 5S 管理方法研究 [J]. 汽车工业研究，2011(2):45–48.

大多数的中国汽车企业战略市场范围主要以国内为主，仅部分发展较快的企业制定了相对具体的企业国际化战略。

在汽车产业的市场结构表现方面，2017年，中国汽车企业产销增速放缓，十大汽车企业累计销售2 556.2万辆，占国内汽车市场总销量的88.51%，市场集中度较去年同期下降1.37%，但仍稳居主导地位。汽车市场销量排名前十名的汽车企业依次为上汽集团、东风集团、一汽集团、长安集团、北汽集团、广汽集团、吉利汽车、长城汽车、华晨汽车和奇瑞汽车。截至2016年，中国汽车制造整车企业数量达425家，[1]总体呈现出企业数量偏多，在当前相对集中的市场竞争情况下，很多现存汽车企业难以达到最小规模经济要求，汽车产业面临兼并重组的发展趋势。

在汽车产业的产品结构表现方面，随着私人汽车消费不断增长，商用车产品结构持续下降，乘用车消费主体地位不断巩固。据汽车工业协会统计，2016年，中国汽车市场的乘用车市场份额为87%，连续五年保持在80%以上，其中轿车销量比例达43%，运动型多用途乘用车（SUV）销量比例达32%，多功能乘用车（MPV）销量比例为9%，交叉型乘用车销量比例为3%，整体产品结构表现与世界汽车产品结构趋于一致，如图6.3所示。

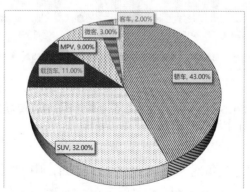

图 6.3 2016 年中国汽车企业产品结构
资料来源：根据中国汽车工业协会公开信息整理。

---

[1] 前瞻产业研究院.汽车整车制造行业分析报告 [R/OL].http://www.sohu.com/a/165336660_114835，
    2017−08−17.

在汽车企业与竞争对手品牌销量表现方面，2016 年，中国汽车品牌销量 1 197.1 万辆，其中，乘用车销售 1 052.9 万辆，占各品牌车系汽车销量 43.45%，同比上升 2%。从 2011 年—2016 年数据统计来看，除 2011 年较低，之后各年中国汽车品牌乘用车销量占各品牌车系销量比例始终保持在 40% 左右。2016 年，中国品牌、德系、日系、美系、韩系和法系乘用车分别销售了 1 052.86 万辆、451.03 万辆、379.15 万辆、296.46 万辆、179.20 万辆和 64.40 万辆，分别占乘用车销售总量的 43.45%、18.61%、15.65%、12.23%、7.40% 和 2.66%。[1]

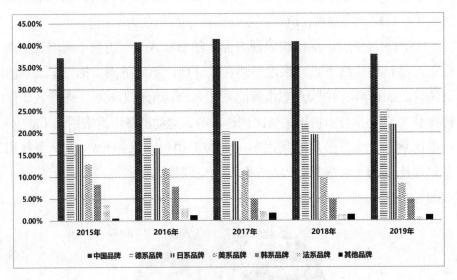

图 6.4 2015—2019 年中国汽车企业与竞争车系品牌销量比较
资料来源：根据乘用车市场信息联席会公开数据整理。

在汽车企业与竞争对手品牌质量表现方面，中国汽车品牌产品的综合质量水平与国际品牌产品综合质量水平差距正在不断缩小。从近十年中国新车质量来看，中国汽车品牌汽车产品质量持续提升，新车 PP100（问

[1] 中国汽车工业协会，中国汽车工业发展年度报告：Annual Report on the Development of China Automotive Industry, 2016[M]. 北京：社会科学文献出版社，2016：41-42.

题数／百辆车）从 2003 年的 469 个减少至 2016 年的 112 个，[1] 如图 6.5
所示。

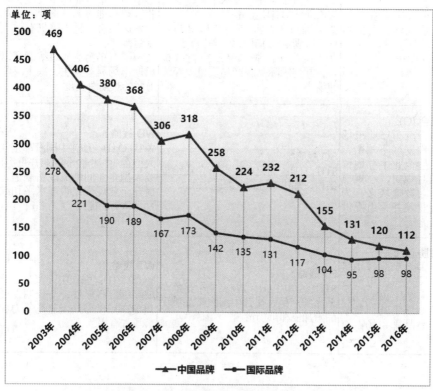

图 6.5 2003—2016 年中国汽车企业与竞争车系品牌质量比较
资料来源：根据 J.D.Power 中国公开信息整理。

---

[1] J.D. Power：J.D. Power 新车质量研究：自主品牌与国际品牌差距连续七年缩小 [EB/OL].http://
  china.jdpower.com/zh-hans/press-releases/2017-china-initial-quality-study-cn，2017-11-28.

（2）SWOT 分析

基于钻石理论的生产要素 SWOT 分析

	优势 (S)： ①中国汽车企业管理水平与企业法人治理结构有所提升； ②中国汽车产业产品结构日趋合理，可满足汽车市场差异化需求； ③中国汽车品牌产品质量持续提升，并与国际品牌产品质量差距快速缩小	劣势 (W)： ①中国汽车企业起步较晚，企业管理基础薄弱，管理方法相对发达国家先进水平仍有较大差距； ②中国汽车企业战略编制多以短期市场利益为主，缺少科学前瞻的长期性视角
基于钻石理论的企业战略、结构和竞争对手 SWOT 分析		
机会 (O)： 中国汽车产业市场结构发展不均衡，大型企业主导地位相对稳定，小规模企业数量较多，为企业兼并重组提供可能	SO 战略： S(1)O(1)：优化中国汽车企业治理结构，加快推进企业兼并重组	WO 战略： W(1)O(1)：加速中国汽车企业大型企业对小企业的兼并重组，或大型企业间结成战略联盟，提升企业规模化管理水平和综合竞争力的提升
威胁 (W)： 中国汽车品牌销量在国内汽车市场占有率仅占 40% 左右，长期低于其他竞争车系品牌市场占有率	ST 战略： S(2)、S(3)T(1)：对标国外竞争车系品牌产品，提升中国汽车品牌产品附加值和市场份额	WT 战略： W(2)T(1)：强化中国汽车企业战略编制科学性，从长期发展角度布局，提升企业竞争力和市场占有率

6.3.5 政府政策的 SWOT 分析

政府政策是企业发展的风向标，在竞争战略理论模型中起到不可忽视的作用。在本模型中，政府政策主要包括政府发布的汽车产业政策、发展战略、财政与税收政策等文件内容。

（1）相关政府政策

中国政府关于汽车产业的相关政策在加入 WTO 以后，进行了较大幅度的适应性调整。2004 年，为适应社会主义市场经济体制要求和加入 WTO 后国内外汽车产业发展的新形势，推进汽车产业结构调整和升级，促进汽车产业健康发展，由国家发展和改革委员会正式发布了《汽车产业发展政策》，首次将汽车工业产业政策与汽车消费政策合二为一，提出汽车产业政策目标、发展规划、技术政策等覆盖汽车产业价值链各领域的相关规章内容，为汽车产业健康发展提供重要指导。

为应对国际金融危机影响，稳定汽车消费，加快结构调整，推动产业升级，促进汽车产业持续、健康、稳定发展，2009年，国务院办公厅发布了《汽车产业调整和振兴规划》，提出了未来几年中国汽车产业发展的规划目标、任务和主要工作，提出要推进汽车产业重组、实施自主品牌战略、实施产品出口战略，鼓励汽车企业做强做大，通过兼并重组和海外并购提高自身竞争力。

为促进汽车产业转型升级，近年来制定并发布了《关于全面推进黄标车淘汰工作的通知》《关于加快推进新能源汽车在交通运输行业推广应用的实施意见》《关于加快电动汽车充电基础设施建设的指导意见》等，加速黄标车淘汰进程，推进新能源汽车在城市公交、出租及物流等主要领域应用，提前布局电动汽车充电基础设施。加上《关于贯彻落实减征1.6升及以下排量乘用车车辆购置税有关问题的通知》《关于完善城市公交车成品油价格补助政策加快新能源汽车推广应用的通知》《关于节约能源，使用新能源车船税优惠政策的通知》《关于2016—2020年新能源汽车推广应用财政支持政策的通知》等政策的发布和实施，明确了推广新能源汽车的各项税收优惠及财政补贴标准。从产业政策和财税政策角度，全面推进汽车产业的节能减排和转型升级。

在新的国际、国内经济形势下，2015年，国务院颁布了《中国制造2025》，作为中国实施制造强国战略的第一个十年行动纲领，为汽车业转型升级提供了完备系统的顶层设计。该行动纲领将通过政府引导、资源整合，实施国家制造业创新中心建设、智能制造、工业强基、绿色制造、高端装备创新等重大工程，要在节能与新能源汽车等十大重点领域实现突破发展。《中国制造2025》重点领域技术路线图选择了节能汽车、新能源汽车、智能网联汽车三个方向，从需求、目标、发展重点、应用示范工程、战略支撑五个方面阐述了发展路径，并先后出台了相关标准建设指南、关键共性技术指南。

（2）SWOT 分析

基于钻石理论的生产要素 SWOT 分析

	优势 (S): ①中国汽车产业发展基础不断提升，推动汽车产业政策的升级； ②中国汽车品牌小型车产品居多，政策红利促进效果明显	劣势 (W): ①中国汽车产业发展战略缺少必要的具体措施，实施结果或与规划目标出现偏差； ②当前新能源汽车配套基础设施较为薄弱，发展速度受限
机会 (O): ①节能与新能源汽车已成为国际汽车产业发展方向，中国将其纳入战略新兴产业地位，提供重要的政策保障； ②《中国制造2025》行动纲领，支持企业间战略合作和跨行业、跨区域兼并重组，有利于促进中国汽车产业规模经济	SO 战略： S(1)、S(2)O(1)：运用中国汽车产业政策红利，推动新能源汽车产业快速发展	WO 战略： W(1)O(1)：制定新能源汽车产业战略及《中国制造2025》行动纲领相匹配的具体实施措施和发展路径，确保达成既定规划目标； W(2)O(1)：加强新能源汽车配套基础设施财税政策投入，推进快速发展
威胁 (W): ①中国汽车产业推进转型升级，汽车企业落后产能面临淘汰； ②中外合资汽车企业中，外资取消股比限制政策的诉求增加，中国品牌汽车企业竞争局面严峻	ST 战略： W(1)T(1)：形成中国汽车产业淘汰落后产能的基本措施，推进产业升级发展	WT 战略： S(2)T(2)：借助中国汽车产业政策红利，加速中国汽车品牌企业发展，提升市场竞争力

（基于钻石理论的政府政策SWOT分析）

6.4 本章小结

本章依据企业战略理论文献研究，从国家、行业和企业三个层面，分别总结分析了中国汽车产业对外直接投资战略方面的发展现状，认为当前中国汽车企业对外直接投资战略制定程度还处于初级阶段，各主要汽车企业对外直接投资战略主要以市场利益为导向,缺乏长远的战略布局和系统的科学分析。并借鉴经典企业战略理论与现代企业战略理论进行有机融合,实现二者的理论优势互补,构建了基于钻石理论的SWOT分析模型,对中国汽车企业国际竞争力从无法控制的机会要素维度之外的生产要素、需求条件、相关与支持性产业、企业战略、结构和竞争对手的表现以及政府政策五大维度进行了系统的分析论证。

第七章 中国汽车企业对外直接投资风险分析

自 2001 年加入 WTO 以来，中国汽车企业对外直接投资得到了快速发展，并在近十年内频频发力，进行了多轮海外设厂和跨国并购，取得了良好的投资绩效。然而，在中国汽车企业对外直接投资的过程中，不总是一路鲜花和掌声，也充满了荆棘和崎岖。随着中国汽车企业对外直接投资范围和规模的不断扩大，投资的风险也在日益增加，如何能够在此过程中实现预期收益、规避风险，成为中国汽车企业面临的重要课题。

7.1 企业对外直接投资风险分类

7.1.1 企业对外直接投资风险的含义

目前，风险已被多个学科赋予了更多更深刻的含义。国际企业风险管理中，风险是在一定环境和期限内客观存在的，导致费用、损失与损害产生的，可以熟悉与控制的不确定性（赵曙明、杨忠，1998）。[1] 企业在对外直接投资过程中，面临着来自东道国和其他经济环境所带来的各种不确定性因素的影响，这种影响难以事先预期，也无法完全通过数量统计来测算，可能会对企业对外直接投资产生损失。对外直接投资风险就是指在企业对外直接投资过程中，可能出现各种损失的不确定性。

---

[1] 赵曙明，杨忠 . 国际企业 : 风险管理 [M]. 南京 : 南京大学出版社，1998.

7.1.2 企业对外直接投资风险的分类

国内外很多学者在研究企业对外直接投资过程中，将对外直接投资风险从不同的角度进行了分类。目前较被公众认可的是 K.D.Miller（1992）提出的整合风险管理思想，其从经理人员感知的角度，对企业国际化经营中不确定性问题的来源和表现进行了分析，是学术界第一次较为详细地阐述了整合风险管理的概念。其将企业国际化的不确定性系统分为三大类，一般环境不确定性、行业不确定性和企业不确定性，并将这些不确定性整合为一个国际一体化的风险管理框架，即整合性国际风险模型(perceived environmental uncertainty,PEU 模型)。[1] K.D.Brouthers（1995）则认为大多数之前的风险研究都是集中于某一种特定类型的风险，如政治或金融风险，在实证检验了 Miller 提出的 PEU 模型基础上，拓展并构建了分析战略性国际风险的模型，将风险分为管理控制风险和市场复杂性风险两大类。[2]K.D.Brouthers、L.E.Brouthers 和 S.Werner（1996）通过对 Miller 的 PEU 模型的进一步修正，提出由于企业进入国际市场程度不同、目标国家经济发展水平和政治稳定性存在差异，企业所面临的国际化风险不同，风险对企业产生的影响也不同。该文将环境不确定性分为六方面：政府政策不确定性、宏观经济不确定性、企业使用资源和服务不确定性、产品市场和需求不确定性、竞争不确定性和行业技术不确定性。[3]

几乎与国外学者同时，国内一些学者也开始了对企业对外直接投资风险的关注和研究。刘红霞（2003）认为企业境外投资面临的主要风险，

---

[1] Miller K D. A Framework for Integrated Risk Management in International Business[J]. Journal of International Business Studies, 1992, 23(2):311-331.

[2] Brouthers K D. The influence of international risk on entry mode strategy in the computer software industry[J]. Gablerverlag, 1995, 35(1):7-28.

[3] Brouthers K D, Brouthers L E, Werner S. Dunning's eclectic theory and the smaller firm: The impact of ownership and locational advantages on the choice of entry-modes in the computer software industry[J]. International Business Review, 1996, 5(4):377-394.

可从政府、投资所在国和企业三种角度来分类，具体可分为监管及服务风险、投资保护风险、投资环境风险、融资风险和投资决策风险。[1] 许晖（2006）借鉴 Miller 的风险一体化管理的研究框架，将企业国际化经营风险分为宏观环境、行业环境和企业内部三个来源，并在各来源中进行细分，提出十五项风险类型。[2] 企业国际化风险的来源、类型与描述如表 7.1 所示。

表 7.1 企业国际化风险的来源、类型与描述

风险来源	风险类型	风险的描述
宏观环境层面	政治风险	东道国战争、政变或其他政治骚乱所带来的风险
	政府政策风险	东道国政府规章制度、财政货币改革、国有化、价格控制、贸易限制等带来的风险
	宏观经济风险	东道国通货膨胀、利率变动、经济发展指数、经济景气程度等带来的风险
	人文风险	母国与东道国之间在宗教信仰、语言、价值观、人口因素等方面的差异所带来的风险
行业环境层面	竞争风险	现有竞争对手状态、潜在进入者状态、市场需求潜力等方面带来的风险
	产品市场风险	消费者偏好、替代品的可获取性、互补品的稀缺性等方面的变化带来的风险
	原材料市场风险	原材料的质量、供给、其他购买者需求等方面的变化带来的风险
	行业技术风险	行业劳动率、技术转让速度、技术发展水平等方面的变化带来的风险
企业内部层面	经营决策风险	由于企业未能对可能遭遇的风险进行充分论证，在经营中未能进行科学决策而形成的风险
	交易风险	在运用外币进行计价收付的交易中，由于汇率、结算方式等方面的变动而带来的风险

[1] 刘红霞. 中国境外投资风险及其防范研究 [J]. 中央财经大学学报，2006(3):63-67
[2] 许晖. 国际企业风险管理 [M]. 北京：对外经贸大学出版社，2006：26-27.

风险来源	风险类型	风险的描述
企业内部层面	筹资风险	企业在负债经营中，由于投资收益不确定、利率的变动、资本结构不合理等因素带来的风险
企业内部层面	投资风险	企业在投资过程中或投资完成后，投资者发生经济损失和不能收回投资所带来的风险
	营运风险	企业在现金管理、应收账款管理、存货管理所面临的风险
	社会责任风险	企业在生产、销售过程中因担负产品质量、环境污染、人身安全等责任而面临的风险
	人力资源风险	企业内人员流动、员工素质、工作状态、价值观和生产率变化等因素所造成的风险

资料来源：许晖：《国际企业风险管理》，对外经贸大学出版社 2006 年版。

综合上述研究文献内容，国内外学者在对外直接投资风险研究的分类方面，国外以 Miller 的 PEU 模型和 Brouthers 等人的 PEU 修正模型为代表，国内以刘红霞、许晖等学者对企业国际化和境外投资风险的研究为代表，几乎所有研究都包含了政治风险、经济风险的维度，部分研究进一步涵盖了对企业关联风险的分析维度。在整体分析视角上，可概括为宏观环境风险（一般环境风险）、中观环境风险（行业环境风险）和微观环境风险（企业内部风险）三大类。

7.2 中国汽车企业对外直接投资的主要风险分析

7.2.1 关键对外直接投资风险分析

（1）投资风险

中国汽车企业对外直接投资的投资风险是指汽车企业在投资过程中或投资完成后，可能遭受经济损失的不确定性。企业对外直接投资具有长期性和不可逆性的特点，从长期来看，企业的投资不只是一次单向的资本投资，还包括在单向投资完成后逐渐递进的投资循环，而且无论投资项目是收益还是损失，整个过程都是不可逆的。

汽车企业对外直接投资是一项长期、系统、复杂的企业活动，在整个对外直接投资过程中都面临着信息的不对称、不确定和其他不可控因素，如在投资前的市场调研有误、投资规划过于乐观，或在具体实施过程中，投资金额大、投资周期长（尤其是投资海外设厂模式）、投资实施初期较难进行国际资源的组织配置，容易受到合作者意愿变更、投资环境变化等因素的影响，从而导致系统性的投资损失。

（2）政府政策风险

中国汽车企业对外直接投资的政府政策风险主要是指企业忽略、受限或违反相关政府政策而导致预期权益损失的不确定性。这里的政府政策风险来自母国和东道国两个方面，对于母国的政府政策相对较容易获得和掌握，如我国政府颁布的《境外投资管理办法》等，但对于东道国的政府政策则需有针对性地进行深入的了解。

随着全球经济的发展，各国政府政策体系进一步规范化、法制化，但各国政府政策还存在较大差异，如大多数发展中国家经济基础薄弱，为解决资金和技术缺乏的问题，通常会对外商投资持鼓励政策。而一些发展中国家为保护本国脆弱的汽车产业和有限的经济资源，又会通过政策手段限制外商投资。发达国家虽然对外开放和经济自由度较高，但进入的政策门槛也较高，且对外资并购大多存在限制性政策。如果企业在对外直接投资时对相关政策缺乏了解，就可能会受到政策的不利影响面临各种潜在风险。

（3）人力资源风险

中国汽车企业对外直接投资的人力资源风险是企业在对外直接投资过程中，因国际化人才资源储备不足、员工价值观不同等因素，导致投资进程受限或出现投资损失的不确定性。人力资源风险对企业对外直接投资顺利进行和投资后经营的稳定开展有着重要的影响。该风险主要包括人力资源管理模式差异和国际化人力资源缺乏两个层面，在某些情况下，这两种风险可能会同时发生作用并引起更大的损失。

在劳动法体系较完备、劳工组织较完善的国家或地区，对中国汽车企业对外直接投资后的国际化人力资源管理提出更高的要求。企业海外建厂或股权并购成功仅是跨国并购的开端，只有在被投资国家或地区成功完成关键的人力资源整合、和谐处理好与工会和员工的关系，才能充分发挥企业员工积极性，实现投资后的顺利运营，使被投资企业得到可持续发展。

（4）经营决策风险

中国汽车企业对外直接投资的经营决策风险是企业对外直接投资时和投资后，由于经营决策问题导致企业权益损失的不确定性。主要可从两种角度进行划分，一是经营决策的效率性风险；二是经营决策的科学性风险。

大多数中国国有汽车企业决策本着规范化、制度化和程序化的原则，对外直接投资的决策层级较多、决策流程较长，虽然严谨的决策程序能够较大程度避免盲目投资、重复投资、可行性研究不充分等投资行为，但却严重地影响对外直接投资经营决策的效率。经营决策的时效性较慢可能会导致决策结果已不适用于动态变化的投资环境，而在决策实施过程中没有建立起必要的跟踪、监督和反馈程序，对于实际情况与决策环境产生偏差时，不能及时采取补救措施，导致企业投资损失进一步扩大。另一方面，一些汽车企业在对外直接投资经营决策过程中，可行性调研不充分，未经过科学分析的研究论证，提供决策的信息维度不全面、不真实，或由于决策人员国际化经营管理经验缺乏盲目决策，严重影响企业经营决策的科学性，可能导致经营决策结果落实后，产生企业品牌形象受损、财务管理混乱、甚至资金紧张等风险，难以获得对外直接投资的预期效益。

7.2.2 次关键对外直接投资风险分析

（1）政治风险

中国汽车企业对外直接投资的政治风险主要是由于被投资东道国政治环境变化等因素，导致投资收益损失的不确定性。当被投资东道国政局动荡、发生冲突或战争时，会连带该国政策变动、社会安全变化、经营环境不稳定，严重影响投资企业在当地的发展，甚至威胁投资企业当地员工的生存。此外，在一些经济不发达、政治体系不透明的被投资东道国，为维护本国经济利益，对外资实行征用、没收和国有化的手段或有意改变相关政策的方式，迫使投资企业放弃投资权益。政治风险通常被认为是对外直接投资过程中难以预期、无法控制且影响最严重的风险。

在对外直接投资发展的区位选择过程中，应筛查关注东道国的民主政党结构、政治体系建设、对本国及国外企业的政策差异等，做好未雨绸缪，尽量避免遭遇政治风险事件带来的可能损失。

（2）宏观经济风险

中国汽车企业对外直接投资的宏观经济风险是企业对外直接投资时受到母国或东道国通货膨胀或紧缩、金融市场波动、汇率或利率大幅调整等经济环境变化而导致投资收益损失的不确定性。自 2008 年国际金融危机以来，世界经济增长速度明显放缓，部分主要发达国家经济陷入衰退，全球金融市场动荡，汇率风险大幅增加，虽然增加了中国汽车企业对外直接投资机会，但投资的经济风险也更加难以预测。

东道国宏观经济水平直接影响中国汽车企业对外直接投资的市场发展和收益程度，主要包括东道国的基本经济发展程度，国家货币政策的松紧和财政政策的导向，国家主要经济指标如国民生产总值、国民收入、外汇储备的变化，国家经济外向型程度等因素。需要对东道国不同的宏观经济发展周期性进行分析判断以降低经济风险。如果东道国宏观经济进入衰退周期，会引发银行资本匮乏、市场流动性不足、本国货币贬值，可能进而引发东道国债务危机，导致其对资本流动的严格管制，对海外投资企业造成严重的经济损失。

（3）人文风险

中国汽车企业对外直接投资的人文风险是由于被投资东道国与企业在社会文化、宗教习俗、语言沟通等方面差异，引发的企业投资收益损失的不确定性。不同国家的企业之间，尤其是东西方国家的企业之间，在风俗习惯、生活理念等方面存在较大的差别，尤其是在当前各国重视环境保护的情况下，一些汽车企业被认为是带来了严重的环境污染，产生了不好的社会效应。汽车企业对外直接投资时，如果忽视或不尊重当地社会人文习惯，就难以树立起良好的企业社会形象，在属地员工整合管理时，难以达成兼容的文化理念，产生企业内缺乏凝聚力、员工间缺乏信任，甚至容易滋生管理矛盾冲突等问题。

对外直接投资人文风险是较容易被忽视却较为重要的风险。吉利汽车并购瑞典沃尔沃汽车公司时，就面临着较大的人文整合差异。沃尔沃汽车是高端汽车品牌，以产品安全为企业宗旨，吉利汽车是低端汽车品牌，以增加销量为企业目标；瑞典是世界排名前列的高工资、高福利国家，瑞典的工会也是北欧最强势的工会组织，瑞典员工享有较高的薪酬、丰厚的带薪假期和全面的福利保障，大幅增加了采用低成本战略的吉利汽车的人力成本。在吉利汽车并购后，与沃尔沃汽车保持相互尊重，不断进行文化磨合，采用相容的发展策略避免了人文风险的发生。

（4）营运风险

中国汽车企业对外直接投资营运风险主要指企业对外直接投资后组织营运进行资金管理、账款管理、存货管理等资源配置时，出现收益损失的不确定性。中国汽车企业起步晚，在参与国际市场竞争过程中，与国际惯例要求存在一定差距。此外，部分汽车企业自身内控制度还不成熟，现金管理、票据管理、应收账款管理等管理制度还不够健全，存货管理还停留在单一国家内的水平，整体缺乏国际化配置存货保值的管理视角。在对外直接投资成立新企业的过程中，现有企业管理能力还未能形成标准化移植的程序，导致新建公司国际化营运能力偏弱，增大投资的营运风险。

（5）筹资风险

中国汽车企业对外直接投资筹资风险是企业在对外直接投资过程中以及在投资后负债经营过程中，由于外汇变化、利率变动、融资结构失衡等因素导致的投资收益损失的不确定性。

汽车企业对外直接投资金额通常较大，很多情况下不能仅依靠企业自有资金解决，需要通过向银行贷款、发行股票或债券、引进其他投资者等多种方式进行筹资，不同方式筹集的资金来源和比重构成了融资结构。企业在进行融资结构设计和进行筹资活动的过程中，面临着很多不可控的风险，需要对各种筹资方式进行评估和预判，分析能够与自身风险承担能力相匹配的筹资方式和融资结构。此外，由于外汇变化、利率变动的因素，导致在对外直接投资过程中，大额资金的筹资成本也在浮动变化，可能对企业产生额外的风险负担。

7.3 中国汽车企业对外直接投资的风险案例与启示

7.3.1 上汽集团投资并购韩国双龙汽车案例

韩国双龙汽车曾位列韩国现代、起亚、雷诺三星之后，作为韩国第四大汽车公司，其 SUV 产品在韩国中高端市场占据优势并占据了半壁江山。上汽集团参与韩国双龙汽车的并购，基本动因是拟结合双龙汽车的越野车技术和产品优势弥补上汽集团此方面的短板，在中国市场引入并扩大双龙汽车的销售份额，将上汽集团的自主品牌优势通过双龙汽车的渠道推广，实现双方优劣势互补发展。

2004 年 10 月，上汽集团倾集团之力，击败了唯一的国内竞争对手中国蓝星集团之后，成功收购获得韩国双龙集团 48.92% 的股权，后又增持至 51.3%，并于 2006 年将其注入旗下上海汽车集团股份有限公司。然而，作为上汽集团首笔跨国控股企业并购，在并购后公司管理层缺少国际化管理经验，难以妥善处理与公司前高管及公司工会的关系、难以协调被控股企业技术所有权和研发团队的转让问题，上汽集团对双龙汽车的技术渴求被韩方理解为"技术资源偷窃者"。处于强势地位的公司工会，担心上汽集团并购将双龙汽车的核心技术转移到中国，造成原有公司员工被裁员，组织了一系列的罢工活动。在韩国的劳工制度下，招人容易裁人难，公司工会这一系列负面行为严重影响了双龙汽车的经营业绩，产能 22 万辆的双龙 2008 年一年间只造出 8.1 万台车，仅占韩国汽车总产量的 2%，导致企业在 2009 年被迫进入"回生程序"。最终由韩国中央法院接管了双龙汽车的经营管理，上汽集团完全失去了对双龙汽车的控制权，导致其对韩国双龙的最初投资颗粒无收，在不到 5 年的时间产生了近 40 亿元人民币的投资损失。[1]

这场混杂了跨国企业文化冲突、技术之争、劳资纠纷等众多风险问题的收购案例，从中国国内两企业互相竞争并购开始到最后与被投资企业两败俱伤的全过程，突显了中国汽车企业对外直接投资面临的巨大风险。[2]

7.3.2 吉利汽车与马来西亚 IGC 集团合作建厂案例

2005 年 5 月，吉利汽车与马来西亚 International Group of Companies 集团签约合作，在马来西亚投资建立 3 万台车辆的组装工厂，规避高达 200% 的关税壁垒，进一步开拓当地汽车市场。而在工厂建设完成、各项生产准备工作就绪的情况下，却遇到了马来西亚的"政策壁垒"。

马来西亚政府为避免吉利汽车质优价廉的汽车冲击本国民族汽车品

---

[1] 中国新闻网. 双龙汽车进入回生程序 上汽表示为克服危机努力 [EB/OL].https://www.chinanews.com/auto/cqdt/news/2009/01-10/1522463.shtml，2009-01-10.

[2] 陈之骏. 上汽集团跨国并购韩国双龙案例分析 [J]. 商业故事，2015(21)：64-65.

牌，出于保护本国汽车产业的目的，出台新汽车产业政策宣布新进入该国生产的汽车产品只有20%能在本国销售，其余的80%必须出口外销到其他国家。虽然之后吉利汽车通过不断开拓周边右舵车国家市场化解了部分危机，但也造成较大经济损失。这一情况为后续中国汽车企业对外直接投资面临多变的政治风险方面提供了充分的借鉴素材。[1]

7.3.3 案例分析带来的启示

中国汽车企业对外直接投资表面看来可以获得较明显的积极效应，如可以通过对外直接投资并购获得国际知名品牌，提升品牌影响力；可以获得被并购企业先进技术与研发团队，提升自身技术水平；可以扩大生产场地和生产能力，提升汽车产能与生产效率；可以获得广泛的分销渠道，快速进入国际市场等。但在实际运作过程中，却存在着很多现实的问题和潜在的风险，如难以准确评估被投资企业真实价值，并购支出超出实际成本；难以解决被投资企业拥有的资产、技术等顺畅转移与应用；并购整合难度大，难以协调被收购企业的工会关系；东道国法律和政策限制因素未了解或发生变化等。

由于我国汽车企业还未建立起较强的国际竞争力和国际影响力，虽然2008年金融危机后对外投资并购行为增加，但在对外直接投资过程中，常被外界认为是被收购发达汽车企业的委屈下嫁，或是被认为到被投资国家投机盈利，而无法获得东道国公众的理解和政府的支持。我们要清晰认识所处阶段面临的各种风险，慎重选择被投资目标国家和企业，积极充分地做好各种最坏打算，正式迎接在未来对外直接投资过程中可能出现的各种挑战。

---

[1] 太平洋汽车.吉利汽车联姻马来西亚，李书福海外造车面临风险 [EB/OL].http://www.pcauto.com.cn/3g/2012/27/279828.html，2005-06-01.

7.4 本章小结

随着中国汽车企业对外直接投资发展步伐的加快和国际环境的不断变化，研究对外直接投资风险与对策有助于促进中国汽车企业对外直接投资的可持续发展。本章在梳理研究企业对外直接投资风险的含义、分类的基础上，结合中国汽车企业对外直接投资实践，筛选并阐述了中国汽车企业对外直接投资的主要风险，包括投资风险、政府政策风险、人力资源风险、政治风险、经济风险、人文风险、营运风险和筹资风险，并具体分析了中国汽车企业对外直接投资过程中出现的典型风险案例，为中国汽车企业对外直接投资的风险应对提供有益参考。

第八章 中国汽车企业对外直接投资对策与建议

中国汽车企业对外直接投资发展，从探索、实践到逐步成熟，需要一个长期的发展过程。在这一过程中，中国汽车企业要依托国际国内的外部发展环境，围绕企业自身的优劣势，总结经验教训，规避各项风险，整合确定详细的对外直接投资策略，才能够在国际汽车市场持续增强自身竞争力，不断确立自身的优势地位。

8.1 中国汽车企业对外直接投资模式选择原则与建议

随着国际国内对外直接投资发展环境和条件的逐渐成熟，中国汽车企业对外直接投资进入快速发展阶段，面对广阔的海外市场，合适的模式选择决策是一个较为复杂的过程。为便于中国汽车企业在对外直接投资模式选择决策时，能够遵循一定的方法和程序参考，提出以下通用性原则。

8.1.1 中国汽车企业对外直接投资模式选择的原则

（1）科学性原则

中国汽车企业对外直接投资模式选择不是机械的效仿，也不是简单的拼凑。对于其他汽车企业成功的海外投资模式却未必适用于本企业的海外发展，对于其他汽车企业海外投资成功的要素也不应成为本企业海外发展的固定要素，在海外投资模式选择时，应综合考虑各项影响要素进行科学决策。

（2）实用性原则

按照发展阶段理论，中国汽车企业对外直接投资模式选择时应优先选择低控制程度的进入模式，当积累了一定的海外经营经验后，再寻求下一种进入模式。实用性作为一种通用的原则可以指导企业的正常海外投资，然而在现实的世界经济体制中，海外市场环境变化较快，经验的积累具有不及时性和不完全性的特征，为有效进行投资模式选择，应以实用性为参考，及时分析决策，选择符合企业的实用性进入模式。如在2008年金融危机后，受影响的发达国家或地区部分汽车企业面临破产或资产被低估，此时应在权衡投资风险的前提下，优先选择跨国并购的进入模式。

（3）前瞻性原则

根据统计数据，当前中国汽车企业对外直接投资模式选择仍以设立海外组装工厂为主。这种低控制程度的进入模式虽然短期内可以提高中国汽车企业名义生产规模、获得少量的授权费用和零部件出口差价，但这种普及化的生产方式不能够为企业带来高附加值增值，而且其边际价值增值率还会持续降低，从长期来看，是产生了大量的机会成本，影响了中国汽车企业在海外投资的发展进程。中国汽车企业在对外直接投资模式选择时，应避免"视觉狭隘"，保持前瞻性视角考虑，注重建立自己的产品营销和售后服务渠道等高附加值环节，努力打造中国汽车品牌的国际市场影响力，从而提高自身的国际竞争优势。

8.1.2 中国汽车企业对外直接投资模式选择的参考建议

在借鉴国外和国内学者多年研究成果基础上，通过对中国汽车企业多年对外直接投资实践的总结及影响因素的综合分析，认为中国汽车企业进行对外直接投资模式选择决策，应做到"知己""知彼"，注重"协同"进入海外市场。

（1）中国汽车企业对外直接投资模式选择决策前应充分结合自身

优势

中国汽车企业发展程度不均衡，对外直接投资进度也不相同，在多年的经营经验和利润积累的基础上，大都具备了对外直接投资的能力，但各家情况不同，在对外直接投资模式选择时也不能一概而论，中国汽车企业对外直接投资模式选择决策时应充分剖析自身优势，结合影响因素分析中企业的规模水平、技术程度、经营经验、品牌影响和效率要求等，综合进行决策。对于自身优势相对较强的企业，应结合企业偏好或战略意图，优先选择建立海外独资生产工厂等控制程度较高的进入模式；对于自身优势相对较弱的企业，需以整合东道国目标企业优势为主，谨慎选择建立海外组装工厂、海外合资生产工厂等控制程度较低或跨国并购的进入模式。

（2）中国汽车企业对外直接投资模式选择决策前应深入调研目标区域

中国汽车企业对外直接投资尚处于初级阶段，缺乏海外投资的经营经验，对海外投资环境的熟悉程度不足，而东道国的制度、市场、文化等因素对企业海外投资成功与否起到关键的作用，有必要在模式选择决策前进行全面深入的调研，以便更加有效地选择对外直接投资模式，更好地实现企业既有的资源配置。随着中国企业对外直接投资发展，中国商务部联合中国驻各国大使馆定期总结发布《对外投资合作国别指南》，中国出口信用保险公司定期总结发布《国家风险分析报告》，能够在一定程度上指导企业把握东道国的环境变化，规避东道国国家风险，科学地进行投资决策。中国汽车企业应在综合参考的基础上，结合自身投资需求，对目标东道国进行深入的专项调研，以选择适宜的对外直接投资模式。

（3）中国汽车企业对外直接投资模式选择决策时应注重考虑协同优势

中国汽车企业在对外直接投资时，通常都是以个体为主，在模式选择决策时，也仅考虑个体利益。随着对外直接投资的中国汽车企业越来越多，在进行海外投资模式决策时应注重考虑协同优势因素。一方面，基于国外优秀企业资源有限，聚焦并购一个海外企业的情况时有发生，此时的中国汽车企业仍以个体利益考虑就会产生激烈的竞争局势，对目标东道国或目标被并购企业有利，大幅抬高投资成本。如上汽与南汽投资竞购英国 Rover 公司，最后上汽获得知识产权、南汽获得资产和技术设备，以出售方将一个公司卖两方巨额获利告终。而此时，中国汽车企业应考虑通过投资同盟等方式，共同进行跨国并购，以加强资源合作，减少额外的竞争成本损失；另一方面，在海外绿地投资时，中国汽车企业应重点关注中国企业海外产业园的集聚优势，共同投资目标区域形成规模效应，从而降低投资和运营成本。

8.2 中国汽车企业对外直接投资区位选择原则及建议

8.2.1 中国汽车企业对外直接投资区位选择一般性原则

根据传统对外直接投资理论，中国汽车企业应在具有自身技术优势、规模优势的基础上，结合企业贸易与研发需求，考虑外部贸易与研发资源内部化以进一步扩大优势。同时，在区域经济合作及母国投资政策的框架内，结合被投资东道国所具有的市场、资源、制度等区位特质优势，实施对外直接投资。在具体投资区位选择时应遵循以下原则。

（1）渐进性原则

中国汽车企业对外直接投资还处于初级阶段，在自身优势还不明显的情况下，应优先考虑与中国物理距离较近或合作关系较紧密的东道国或地区，通过投资周边亚洲国家及非洲、拉美等发展中国家，减少初期投资风险，积累汽车产业发展技术和对外直接投资经验，在国际市场增加中国汽车品牌影响力，之后提升自身技术标准与产品品质，再进入发达国家地区进一步参与国际竞争。

（2）适应性原则

中国汽车企业对外直接投资区位选择时，应充分调研被投资东道国汽车产业发展水平，结合自身的规模和优势等实际情况开展对外投资。企业自身规模大小决定其区位选择风险承受能力，技术水平高低决定其区位选择的范围广度。风险与投资收益正向匹配，大型汽车企业可在其承受范围内选择风险较高的区域进行投资以获得更高收益，而具备垄断技术优势的汽车企业可选择发达国家或地区进行投资以优先抢占市场取得额外收益。

（3）战略性原则

中国汽车企业对外直接投资区位选择不应仅以短期获利为主要目标，应考虑投资区域的战略性意义。如投资时，不应只关注东道国当前市场规模，还应考虑该区域的经济增长能力、未来的市场潜力、该区域向周边国家贸易出口便利程度等，以战略布局视角考察被投资区域的发展前景。

8.2.2 中国汽车企业对外直接投资区位选择参考建议

结合中国汽车企业对外直接投资实际状况，在运用传统理论对中国汽车企业对外直接投资区位选择影响因素进行研究的基础上，对中国汽车企业在对外直接投资区位选择的具体实践提出以下参考建议。

（1）对外直接投资设厂时，应结合自身不同优势进行区位选择

对于中国汽车企业在转移本国相关产业到其他国家投资时，应以汽车产业技术相对落后的发展中国家为主，同时需以较大的市场容量为发展基础，在低要素成本的支持下，不断发掘市场潜力、拓展营销网络，保障可持续发展。应在东道国市场规模为主要参考的前提下，同时充分利用具有自由贸易区优势的东道国，自由贸易区内各成员国间互相削减或取消关税、消除非关税壁垒，有助于依此建厂并辐射周边国家市场，

形成规模效应降低生产成本。如可选择东盟、南方共同市场、东南非共同市场等自由贸易区内国家，初期依靠其本国市场规模较大、劳动力成本相对较低；后期借助其地理位置处于多国交汇、拥有自贸区优势，便于进一步扩大市场辐射范围。

对于中国汽车企业以新能源技术产品对外直接投资设厂时，处于产品生命周期的形成－成长阶段，应结合目标区域政策优惠，优先以资金和技术密集的发达国家或地区为主，从而能够快速获得大量收益，吸引资金和技术人才进行技术的持续升级以保持相对优势；待进入成熟阶段，则可扩大目标市场范围至其他发达国家或发展中国家；最后在产品生命周期的衰退阶段，可选择发展中国家进行转移投资。

（2）对外直接投资并购时，应结合自身战略目标进行区位选择

中国汽车企业对外直接并购应在充分分析自身技术优势与不足的基础上，设定对外直接投资并购战略，有针对性地选择目标区域和并购企业。对于以扩大市场份额为主的投资并购，应以市场规模较大区域的汽车企业为目标；对于获取先进技术和知识产权的投资并购，则应以具备相应优势技术的发达国家汽车企业为目标，通过直接投资并购先进技术汽车企业，雇佣当地科研人员和熟练技工，利用当地先进的生产设备平台，进行规模化生产与销售，直接参与国际市场竞争。

（3）对外直接投资设立研发中心时，应重点结合区位优势进行选择

中国汽车企业设立海外研发中心存在主要两种动机，一是获取汽车产业发展的前沿技术并整合内化到生产环节；二是获取东道国市场的消费需求并进行本地化研发改进。对于第一种情况，在区位选择时应注重传统汽车工业所在区域，集中先进的汽车产业工厂、较多的科研或设计类院校、适宜的人文艺术环境、优秀的专业人力资源等，如欧洲的英国、意大利，美洲的美国，亚洲的日本；对于第二种情况，在区位选择时该区域应已具备一定生产规模的海外工厂或将要设立海外工厂。目前从中

国汽车企业海外研发中心设立情况来看，主要以第一种情况居多。

（4）对外直接投资时应以降低投资风险为前提进行区位选择

国际环境变化较快，中国汽车企业在对外直接投资时应动态关注目标区位的各项环境变化，尤其是政治环境变化，避免因出现政局动荡、地区冲突、社会治安下降、投资被间接征收等引起的投资损失。同时，在对外直接并购时，应充分调研目标东道国的并购审查与限制政策，尽量避免对外资并购审查程序复杂、审查周期较长的东道国，减少投资成本、降低投资风险。

8.3 中国汽车企业对外直接投资战略参考原则与建议

通过本书基于钻石理论的 SWOT 模型对中国汽车企业国际竞争力的研究分析及相应组合战略选择意见，对中国汽车企业对外直接投资战略提出以下参考原则与建议。

8.3.1 中国汽车企业对外直接投资战略参考原则

（1）整体性原则

中国汽车企业对外直接投资是汽车企业国际化发展进入中高级阶段的标志性成果，是中国汽车企业在多年经营积累、对外出口等国际化经验积累的基础上，进行转型升级和提升国际竞争力的必然选择。在制定相关战略时，需要整体考虑对外直接投资的各个阶段关键因素，如在投资前应考虑的是投资动因、进入模式、区位选择、资金来源、人才储备等因素，在投资后应考虑的是运营模式、市场开拓、渠道建设、服务配套、品牌建设等因素。应将整个汽车产业价值链的各项因素进行整体性分析，做出有利于汽车企业对外直接投资发展的综合决策。

（2）稳定性原则

中国汽车企业对外直接投资战略是在整合考虑多重因素的情况下制

定的，应实现企业短期利益与长期利益的均衡，具备稳定性的特点，能够指导企业在相当长的一段时间内进行资源统筹和调配，可以在实施过程中结合环境变化或自身因素进行修正和完善，但不应仅以短期利益为出发点、阶段性频繁调整战略目标，增加对外直接投资决策和实施的额外成本。

（3）有序性原则

中国汽车企业对外直接投资战略的制定和实施需要经历较长的时间和多个阶段，应结合企业发展情况，有效规划各个阶段的短期战略目标，并通过各个阶段目标的有序达成，从而实现总体战略目标的最终达成。在战略目标制定时，以遵循渐进性发展为主，由低到高、由易到难、由浅及深，逐步设计对外直接投资的发展战略；在战略措施制定时，不回避对外直接投资发展的问题和矛盾，由主要到次要、由大到小、由内及外，逐一进行梳理解决。

8.3.2 中国汽车企业对外直接投资战略参考建议

（1）充分发挥政府职能，引导企业进行对外直接投资战略制定

中国汽车企业对外直接投资发展仍处于初级发展阶段，政府的政策制定与职能支持对其战略制定产生重大影响。中国汽车企业对外直接投资发展过程中，政府应从整个国家的全局出发，制定明确的政策导向，推动企业对外直接投资发展，创造良好的外部发展环境，提供必要的帮助和支持。在政府的政策制定方面，应加强科学立法和严格执法，集聚国内优秀汽车产业专家人才等资源，科学拟定国家层面的汽车产业海外发展政策和规划，匹配相对清晰、具体的指导性规范或措施，指导汽车企业长期地对外直接投资发展。在政府的职能支持方面，应做好汽车企业对外直接投资发展的各项服务工作，为企业海外发展营造良好的经营环境，包括在国际外交方面积极开展各区域经济贸易合作谈判、解决贸易壁垒问题、解决"中国威胁论"的顾虑问题、促进对外直接投资协议

达成等；在国内服务支持方面，简化企业对外直接投资审批程序，提升行政审批效率，并统筹商务部、统计局、驻外大使馆等多个政府机构，引领中国汽车工业协会等非政府组织，收集、积累汽车企业对外直接投资实践经验及统计数据，为汽车企业对外直接投资战略决策做好信息支撑服务，发挥好服务型政府的现代职能。

（2）加大企业资本投入，增强对外直接投资战略竞争优势

中国汽车企业能够实施对外直接投资、直接参与海外汽车市场的竞争，就是依靠企业的竞争优势，当前汽车企业对外直接投资发展的直接竞争优势是其拥有的核心技术和依靠核心技术打造的汽车产品。与国际先进的汽车企业相比，中国汽车企业技术基础薄弱，需要持续加大技术研发投入，增加企业输出产品的技术含量和内涵价值，以推动企业自身竞争力的不断提高。此外，汽车企业的品牌影响力也是主要的竞争优势，在强化先进技术和产品质量等品牌保障基础的同时，应加大经济性资本投入，加强汽车企业营销渠道、售后服务网络等配套能力建设，培养和增加企业品牌的附加值，持续提升品牌影响力，增强企业的竞争优势。

（3）做实前期战略调研，降低对外直接投资战略实施风险

科学的对外直接投资战略需要详尽的信息参考和系统的决策流程，做好战略制定前的调研工作是汽车企业对外直接投资成功的关键。通过企业自身对被投资区域的宏观环境和被投资企业微观信息的收集、整理、分析和研究判断，或借助国内外优秀咨询公司等中介机构的丰富经验，对海外投资建厂、跨国并购等进入模式各环节存在的问题和可能的变化趋势进行分析预测，对拟投资资金规模和来源、拥有的人才储备、项目的建设和运营周期等进行风险分析，从而提前以全局视角思考并做出相应的战略安排，增强企业对外直接投资战略的科学性、针对性和有效性，降低战略实施过程中的不确定风险。

（4）把握汽车产业趋势，提前布局融入对外直接投资战略

与发达国家汽车企业相比，中国汽车企业起步较晚，在激烈的国际

汽车市场竞争中，目前所拥有的相对优势并不是十分明显。随着的新能源汽车产业的发展，在新的产业发展趋势下，中国汽车企业与国际汽车企业在新能源技术研发几乎处于同一起跑线，而且目前来看，中国新能源汽车技术产业化规模居于世界前列。充分运用中国汽车企业的新能源技术优势，可以突破中国传统汽车产业标准落后等进入壁垒，开拓发达国家新能源汽车市场，提前进行对外直接投资战略布局，并通过参与一线汽车市场的直接竞争，或并购发达国家拥有先进新能源技术的部分企业，以巩固中国汽车企业在新能源汽车产业方面的竞争优势，推动汽车企业对外直接投资实现良性的可持续发展。

8.4 中国汽车企业对外直接投资风险的对策与建议

通过对中国汽车企业对外直接投资关键风险和次关键风险的阐述和分析可以发现，在企业对外直接投资过程中，各项风险都不是单独存在的，而是相互关联或交叉存在的，如政府政策风险与政治风险都面临着东道国政策变化产生的风险，人力资源风险与人文风险都存在员工价值观的整合风险，宏观经济风险与筹资风险都可能面临利率、汇率变化引发的企业资本风险，而投资风险更是与各种风险的变化密切相关。对外直接投资风险的一体化，要求中国汽车企业进行风险管理时，要有整体性的考虑和统筹性的应对。本书在综合上述研究提炼出以下对策与建议。

8.4.1 加快政府职能转变，强化对外直接投资服务支持

汽车产业作为国家支柱性产业，中国汽车企业对外直接投资发展关系着国家产业结构优化、对外贸易地位的提高、产业技术水平的进步等多项国家经济实力的变化，在全球经济一体化的环境中，有助于整体提升国家竞争优势。在当前市场环境条件下，政府职能的有效发挥，可以在很大程度上促进中国汽车企业对外直接投资的健康发展。

（1）推进政府职能的转变和服务支持

中国汽车企业对外直接投资当前还存在发展方向不清晰、发展路径不具体的情况，需要政府从国家的层面进行行政引导和服务支持。行政引导方面，需要优化政府的行政管理职能，设定专门机构负责统一协调汽车企业对外直接投资管理，减少政府行政多头审批和多层审批，并组织制定汽车企业对外直接投资的发展规划和实施路径，明确引导企业对外直接投资的中长期发展；服务支持方面，需要借助政府的宏观视角和组织资源优势，统筹汽车企业对外直接投资各项信息及数据统计，建立并完善对外直接投资信息服务系统，集成国际经济动态、海外风险信息、东道国投资指南、国家投资政策及导向、汽车企业海外投资项目及优秀投资经验等信息和数据，保障相关信息的及时性、准确性和全面性，为中国汽车企业对外直接投资发展提供有益的信息支持。

（2）构建对外直接投资政策保障体系

目前，随着中国对外直接投资的迅速发展，政府已着手优化对外直接投资的政策环境，修订了《境外投资管理办法》，从对外直接投资之前的审批核准源头松绑，制定了更为便利的投资前政府审批流程。但是对外直接投资的中期和后期政策仍处于长期缺失状态，对于国内逐步升级的对外直接投资，应提前布局筹划进入中后期发展阶段的相关政策保障体系，如组织编制系统的《对外直接投资法》，从全局的角度构建对外直接投资各个阶段的法律规范和实施细则，明确各个主体的主要职能和发展任务，纳入鼓励政策、限制机制、监督办法等文件内容，构建起对外直接投资的事前审批、事中监管、事后总结与指导等系统性的政策保障体系。

（3）营造对外直接投资发展的国际环境

国际市场中国家与地区之间的官方关系，可为汽车企业对外直接投资提供良好的国际发展环境，该环境具有显著的导向和促进作用。政府应持续推进经济外交，与重点投资东道国建立起长期、稳定的外交关系，以本国政府对中国汽车企业对外直接投资的支持立场来赢得东道国政府的一致性支持；政府应继续推进同相关国家或地区商谈签订双边投资保护协定、继续扩大企业海外工业园区范围，为中国汽车企业对外直接投资争取相关国家或地区的优惠政策，保障境外投资汽车企业的各项合法权益；政府应积极运用多边投资担保机构等国际组织力量，协调解决汽车企业对外直接投资过程中遇到的问题和困难，降低境外投资的政治风险。

8.4.2 构建金融支持体系，推进对外直接投资金融服务

汽车产业是资本密集型产业，具有资金需求量大、投资周期长的特点。中国汽车企业对外直接投资的快速发展，同时也带来资金严重不足、融资渠道匮乏、风险担保机构缺失等问题，需要坚实的金融服务体系以保障其持续健康发展。

（1）构建多元化的金融融资支持体系

汽车企业对外直接投资的资金需求量较大，在自有资金的基础上，还要寻求多种资本渠道以保障投资的顺利进行，其中包括银行信贷支持、金融租赁支持、企业上市融资、企业债券融资、产业基金支持等方式。在此过程中，为更好支持优秀汽车企业的对外直接投资发展，政府及金融监管部门应有针对性地适度放松金融管制力度，构建起多元化的金融融资支持体系。银行信贷支持方面，应加强中国进出口银行等政策性银行在企业对外直接投资过程中的支持力度和优惠力度，引导中国商业银行积极参与海外事业发展并增加对外直接投资贷款结构规模；在金融租赁支持方面，鼓励拓展在汽车企业投资建厂、设备租赁等组合产品，取消对外直接投资金融租赁的授信和放款额度限制；在企业上市融资和企业债券融资方面，应鼓励各汽车企业结合自身情况，合理设计资本结构，以上市融资或发行企业债券融资资金等形式开展对外直接投资；在产业基金支持方面，政府应引导组建汽车企业对外直接投资基金，引入优良

的社会资本共同参与，在解决前景良好的汽车企业对外直接投资资金问题的同时，共享发展收益。

（2）加强对外直接投资的配套金融服务

随着对外直接投资快速发展，政府及相关金融监管机构应借鉴美、日等发达国家经验，建立相关配套的金融服务制度，简化金融服务流程、明确金融服务要求、扩大金融服务范围。在对外直接投资的外汇管制方面，政府应进一步简化汽车企业对外直接投资用汇审批程序，设立并加强事后监管程序，建立用汇信用记录并实施负面清单管理，提升中国汽车企业对外直接投资的资金效率和国际竞争力；在对外直接投资风险担保方面，目前国内仅少数保险公司开设了海外投资保险业务，应进一步引导完善企业对外直接投资的风险保障机制，拓展海外投资保险业务范围和产品范围，设立战乱险、征用险、外汇险等多个专门险种，扩大海外投资承保规模，补偿满足理赔条件的中国汽车企业在对外直接投资过程中因政治风险或经济风险所造成的损失，在增强我国金融服务支持能力和参与国际竞争能力的同时，促进中国汽车企业对外直接投资的纵向发展。

8.4.3 完善企业治理结构，加强对外直接投资协同合作

中国汽车企业起步较晚，与发达国家优秀汽车企业相比，在组织结构、管理水平等方面还存在较大差距。随着对外直接投资发展阶段的逐步升级，要求无论是资产雄厚的国有汽车企业还是机制灵活的民营汽车企业，都应进一步完善企业治理结构，拓展国际协同合作空间，增强企业对外直接投资决策的科学性、有效性，保障新投资企业经营的规范性、稳定性，促进中国汽车企业综合竞争力的不断提升。

（1）完善企业现代化治理结构

在对外直接投资过程中，中国汽车企业将面临治理主体的跨国化和多元化，传统的以股东利益为核心的治理体系，需要向包括股东和所有

的利益相关者利益平衡进行转变，需要秉持更开放的现代化、全球化的公司治理理念参与国际竞争。企业应以建立与国际接轨的现代企业治理结构为前提，借鉴当前国际较通行的公司治理结构框架，注重维护和平等对待所有股东的权利，确保董事会对公司和股东负责，保证各利益相关者的合法权益，保证信息披露和透明度。清晰公司董事会、股东会和经营者治理活动的边界，明确各方应该承担的责任和应该享有的权利，有助于对外直接投资过程中在东道国进行合资合作和拓展市场、对新投资企业实施控制管理和知识转移。

（2）建立对外直接投资战略联盟

世界汽车产业在经济全球化的过程中，推动了发达国家汽车企业之间结合自身的优劣势和发展诉求，建立起的优势互补、利益共享的松散式网络化联盟。战略联盟是汽车企业在长期跨国经营发展过程中，形成的一种有效的资源互补、优势互补，形成合力以共同应对多变的市场竞争环境的组织模式。中国汽车企业当前处于对外直接投资发展的初级阶段，应加强协同合作，增加自身的竞争实力。中国汽车企业可以寻求与发达国家汽车企业或国内汽车企业相互参股或达成战略联盟，联合进行对外直接投资，实现优势互补，避免无序竞争。此外，中国汽车企业对外直接投资不只是资本和产品的输出，也是带动整个汽车产业链内各相关产业分工体系的国际转移。中国汽车企业对外直接投资过程中应加强上下游相关产业协同，联合拓展海外市场，形成规模经济优势，降低单一企业对外直接投资所面临的个体风险。

8.4.4 建设国际人力体系，加速对外直接投资人才培养

优秀的专业性汽车产业人才是中国汽车企业发展的根本，而国际化的汽车人才资源也是中国汽车企业在对外直接投资发展过程中遇到的主要瓶颈。面临复杂多变的国际投资环境，更需要坚持以人为本的理念，注重国际化专业人才的培养、引进和储备工作，建立起完善的国际化人

力资源管理体系，加速推进汽车企业对外直接投资发展，降低国际化的人力资源风险。

（1）建立符合国际市场要求的人力资源管理机制

中国汽车企业对外直接投资参与国际市场竞争，就应该建立起与国际市场相接轨的人力资源管理机制，形成同业中有竞争力的人才选聘、人才竞争和激励约束机制。在人才选聘机制方面，应结合汽车企业未来发展战略，拟订好中长期人才选聘计划，构建较为完备和相对科学的人才选聘评价体系，以全球化的视野建立起透明化、公平化的选聘流程；在人才竞争机制方面，企业应为国际化人才提供发展的空间，改革推行市场化的选人用人制度，摒弃以往论资排辈的传统习惯，以公平、公开、公正的原则，建立起科学的人才竞争评价体系和任用机制，切实保证能够吸引人才、尊重人才和储备人才；在人才激励约束机制方面，应借鉴先进跨国汽车企业发展经验，摒弃原有低成本导向的控制型或承诺型管理模式，不断变革和完善现有人力资源薪酬体系和激励约束机制，尝试员工持股计划或股权期权等创新方式，激发优秀人才的主动性和创造性，增强企业员工的归属感和认同感，让员工与企业一并成长并共享成长收益，进而实现企业和员工发展协同的最大价值。

（2）加速汽车企业国际化人才的培养和引进工作

优秀的国际化专业人才已成为当前中国汽车企业对外直接投资过程中亟需的稀缺性资源。中国汽车企业应加强具有战略管理能力的高层次国际化人才的培养和引进力度，加强职业化、专业化、知识化的高素质干部队伍的打造，开发并储备一批年轻化、有能力、守纪律的员工队伍，构建起相匹配的培训体系、绩效体系，在一定时期内，战略性推动汽车企业国际化人才结构的优化，从而能够充分发挥核心人才队伍的各项效能，为汽车企业对外直接投资事业的顺畅发展和稳健运营提供必要的人力资源保障和智力支持。在现有人才培养方面，应建立长期发展视角，联合国际发达国家汽车企业或高校，有批次地推进现有企业经理层和员工层的国际化学习提升，结合企业发展需要，进行海外派遣锻炼，增强现有人员的国际化理论与实践能力；在人才引进方面，应拓展全球性的人才招聘渠道，在先进的发达国家汽车产业集聚地进行常态化招聘，引进跨国汽车企业经营管理人才和技术研发人才，加速国际化人才的积累和储备，实现推动汽车企业核心竞争力的提升。

第九章 结论与展望

本书以理论研究为基础，结合中国汽车企业对外直接投资实践梳理，通过对邓宁的 OLI 范式拓展以及构建基于钻石理论的 SWOT 分析模型等，对中国汽车企业对外直接投资的模式选择、区位选择、战略选择和主要风险进行了深入的分析，并在此基础上，有针对性地分别提出了相应建议，为中国汽车企业对外直接投资发展提供有益参考。具体而言，主要研究结论概括为以下几点。

（1）中国汽车企业对外直接投资增速快、增幅大，但与发达汽车工业国家相比仍处于初级阶段

中国汽车企业经过半个多世纪的发展，已经培育了一批汽车产业专业人才，拥有了部分自主汽车产业技术，逐渐形成了一定的国际竞争力。中国加入 WTO 以来，中国汽车企业均开始了不同程度的对外直接实践，取得了初步成效，并受到国际汽车企业的关注。但整体上看，中国汽车企业对外直接投资规模相对较少，近年来有些对于发达国家汽车企业的投资并购投资过程实施成本偏高，缺乏较为系统性、科学性的投资体系引导。

（2）中国汽车企业对外直接投资模式呈现由出口到对外直接投资、技术许可的渐进式发展，主要受企业特定优势因素影响

中国汽车企业对外直接投资模式在长期出口贸易的基础上，发展为海外建厂、投资并购、设立海外研发中心等不同对外直接投资模式，通过对其变动影响因素的分析研究发现，母国经济因素、政策因素、企业技术因素、东道国市场规模因素等企业特定优势对进入模式有直接影

响。现阶段中国汽车企业对外直接投资应以自身发展优势为基础，注重对东道国投资的协同效应，充分考虑环境变化可能产生的影响，选择适度的对外直接投资模式。

（3）中国汽车企业对外直接投资区位目前集中于发展中国家或地区，主要取决于投资企业与被投资区位双向优势

通过中国汽车企业对外直接投资区位选择现状及特征分析，借鉴Dunning的国际生产折衷理论并结合中国汽车企业对外直接投资实践进行拓展，认为企业所有权优势、企业内部化优势、区位优势和区位政治因素优势综合影响了对外直接投资的区位选择。在对世界范围内主要被投资区域进行综合优势分析后，发现当前中国汽车企业对外直接投资仍依赖于传统优势且多集中于发展中国家或地区，但已开始出现向发达国家扩张的迹象。企业在投资过程中应结合自身战略目标和发展优势，对外投资建厂在无明显所有权优势情况下可优先选择传统出口贸易国家或地区，反之，若已具备有竞争力的所有权优势，则可优先选择进入发达国家或地区获取更大利润；在对外直接投资设立研发中心时，应优先选择汽车产业相对成熟的发达国家或地区吸收高层次人才及技术，或选择拥有更大市场规模的国家或地区进行适应性研发以快速扩大市场份额。

（4）中国汽车企业对外直接投资战略在国家、行业、企业三个层面逐渐确立和清晰，科学程度在递进式提升

中国汽车企业对外直接投资战略经历从无到有的过程，目前已在国家、行业两个层面确立，尽管部分汽车企业对外直接投资战略尚未明确，但主流汽车企业大多已推出较为清晰的海外发展战略。在企业战略理论研究的基础上，构建基于钻石理论的SWOT模型，从生产要素、需求条件、相关与支持性产业、企业结构和竞争对手表现以及政府政策五个角度对中国汽车企业国际竞争力进行分析，分别提出相应战略组合意见，认为在政府层面，应充分发挥政府职能引导汽车企业对外直接投资战略方向；在企业层面，应把握汽车产业发展趋势，

加大资本投入，增强自身战略竞争优势，同时做好战略前期调研以降低战略实施过程中的不确定风险。

（5）中国汽车企业对外直接投资过程中需重视对风险的识别和预判，并采取有效对策规避风险

中国汽车企业对外直接投资风险可概括为宏观环境风险（一般环境风险）、中观环境风险（行业环境风险）和微观环境风险（企业内部风险）三大类，逐一深入分析各类风险的子影响因素与汽车企业对外直接投资关联，筛选出相互关联或交叉存在的关键风险，提出在对外直接投资过程风险管理应有整体性考虑和统筹性应对，并可借助政府服务支持、金融体系支持，完善公司治理结构，加强国际人力资源储备，强化对外直接投资协同合作等措施，有效降低对外直接投资风险。

在世界经济一体化的趋势下，中国汽车企业参与国际竞争成为必然，中国汽车企业对外直接投资逐渐形成新的发展趋势，民营汽车企业作为后发展起来的新兴力量，开始在对外直接投资舞台上展现更加活跃的身影。我国汽车企业对外直接投资取得了一定成果、遭遇了一些失败、也面临着很多困难和阻力，这些问题驱使我们未来进行更加深入的研究，持续积累分析数据，揭示内在发展规律，不断总结经验和教训，以为我国汽车企业对外直接投资提供更精准的建议支持。

参考文献

[1] 国家标准化管理委员会 . 中华人民共和国行业标准目录 [M]. 北京：中国标准出版社，2002：1295.

[2] 中国汽车技术研究中心 . 中国汽车工业年鉴 [M]. 北京：中国汽车工业年鉴编辑部，2001：61.

[3] 中国汽车工程学会 . 中国汽车技术发展报告：2014-2015[M]. 北京：北京理工大学出版社，2015：212.

[4] 中国汽车工业协会，中国汽车工程研究院 . 中国汽车零部件产业发展报告：2015-2016[M]. 北京：社会科学文献出版社，2016：3-5.

[5] 中国汽车工业协会 . 中国汽车工业发展年度报告：Annual Report on the Development of China Automotive Industry, 2016[M]. 北京：社会科学文献出版社，2016：41-42.

[6] 王喜文 . 中国制造 2025 解读：从工业大国到工业强国 [M]. 北京：机械工业出版社，2015：38-51.

[7] 许晖 . 国际企业风险管理 [M]. 北京：对外经贸大学出版社，2006：26-27.

[8] 张纪康 . 跨国公司与直接投资 [M]. 上海：复旦大学出版社，2004：1.

[9] 赵曙明，杨忠 . 国际企业：风险管理 [M]. 南京：南京大学出版社，1998：2-3.

[10][美] 刘易斯·威尔斯，叶刚，杨宇光译 . 第三世界跨国企业 [M]. 上海：上海翻译出版公司，1986：97.

[11][日] 小岛清，周宝廉译 . 对外贸易论 [M]. 天津：南开大学出版

社，1987：453.

[12]Dunning J H. International production and the multinational enterprise[M]. London:Allen & Unwin,1981：249-265.

[13] 宝贡敏. 关于国际直接投资理论的思考：以展中国家企业向发达国家直接投资动因为中心 [J]. 国际贸易问题 , 1996, 41(12):4-8.

[14] 曹秋菊. 对外直接投资对母国经济增长的作用研究 [J]. 江苏商论 , 2007(1):95-96.

[15] 陈德铭，鲁明泓. 国际直接投资区位理论的发展及其启示 [J]. 世界经济与政治论坛 , 2000(2):27-30.

[16] 陈秋敏. 关于发展中国家对外直接投资理论的思考 [J]. 国际商务 : 对外经济贸易大学学报 , 2000(6):1-4.

[17] 陈静. 中国企业跨国并购存在问题的分析及思考 [J]. 特区经济 , 2007, 219(4):198-200.

[18] 陈艺宏. 金融危机下中国汽车产业 SWOT 分析 [J]. 江苏商论 , 2010, 2010(23):180-180.

[19] 陈之骏. 上汽集团跨国并购韩国双龙案例分析 [J]. 商业故事 , 2015(21)：64-65.

[20] 程书芹，刘江. 跨国金融公司国际直接投资区位选择理论研究 [J]. 浙江金融 , 2008(6):51-52.

[21] 慈铁军. 汽车制造企业实施 6σ 管理的组织结构体系研究 [J]. 机械管理开发 , 2006(6):111-113.

[22] 丁祥生. 发展中国家企业对外直接投资的优势 [J]. 统计与决策 , 2003(9):66-67.

[23] 杜树叶，郑雪青，李晓燕. 基于 PEST 框架的我国汽车产业发展研究 [J]. 北京汽车 , 2010(3):19-23.

[24] 繁一. 2017 中国汽车市场的动态和趋势 普华永道汽车研究院预见汽车市场未来 [J]. 汽车与配件 , 2017(29):39-41.

[25] 方晓霞. 中国企业国际化经营的现状及发展趋势 [J]. 上海行政学院学报, 2006, 7(4):63-73.

[26] 冯正强, 何毅. 论中国企业对外直接投资战略 [J]. 山东工商学院学报, 2004, 18(3):57-60.

[27] 葛京. 企业能力因素对海外市场进入模式选择的影响 [J]. 软科学, 2008, 22(2):119-122.

[28] 郭秀君, 李梦晓. 基于扩展的国际生产折衷理论的中国汽车企业跨国并购动因分析——以吉利收购沃尔沃为例 [J]. 对外经贸, 2014(10):40-42.

[29] 郭秀君, 章晶晶. 中国汽车业对外直接投资的优劣势及发展策略分析 [J]. 江苏商论, 2013(8):90-91.

[30] 郭秀君. 中国汽车行业对外直接投资扩展现状及发展趋势 [J]. 对外经贸, 2013(6):43-46.

[31] 洪智敏. 宏观经济与汽车产业相关性的国际比较研究 [J]. 宏观经济研究, 2014(10):108-112.

[32] 侯铁珊, 王新波. 跨国投资的后向联系效应分析: 以汽车产业为例 [J]. 现代管理科学, 2004(12):20-21.

[33] 胡安生. 中国汽车产业发展模式研究 [J]. 汽车工业研究, 2006(3):2-9.

[34] 胡适, 蔡厚清. 精益生产成本管理模式在我国汽车企业的运用及优化 [J]. 科技进步与对策, 2010, 27(16):78-81.

[35] 黄昶生, 刘翔. 中国汽车企业海外并购后的经营策略研究 [J]. 理论探讨, 2013(5):87-90.

[36] 江心英. 国际直接投资区位选择综合动因假说 [J]. 国际贸易问题, 2004(6):66-69.

[37] 姜晨. 我国民族汽车工业国际化道路发展战略选择 [J]. 北方经济, 2008(16):25-26.

[38] 景红桥，王伟. 金融体制、法律起源与我国对外直接投资的区位选择 [J]. 国际贸易问题，2013(12):148-156.

[39] 寇小玲，王溥. 中国汽车产业嵌入全球产业链对策的思考 [J]. 经济纵横，2008(11):53-56.

[40] 李翀. 发展中国家局部竞争优势型对外直接投资——论发展中国家对外直接投资的动因 [J]. 学术研究，2007(4):18-24.

[41] 李洪江. 对外直接投资理论与中国的对外直接投资 [J]. 哈尔滨商业大学学报 (社会科学版)，2004(5):10-13.

[42] 李鸿洋. 国际直接投资的风险识别与管理 [J]. 国际经贸探索，1992(1):41-46.

[43] 李慧，陈开胜，韩荟芬. 浅析中国汽车产业跨国并购模式 [J]. 开封大学学报，2011, 25(4):31-36.

[44] 李荣. 战略联盟与汽车企业国际化发展研究 [J]. 淮南职业技术学院学报，2005, 5(4):72-75.

[45] 李蕊婷. 发展中国家对发达国家直接投资模式探索 [J]. 国际经济合作，2007(11):30-34.

[46] 李伟杰，宋焱. 我国企业对外直接投资区位选择 : 理论综述与实践回顾 [J]. 海南金融，2009(1):29-34.

[47] 李霞. 我国汽车业跨国并购 : 现状、问题及对策 [J]. 生产力研究，2013(9):127-128.

[48] 李霞. 中国对外投资的环境风险综述与对策建议 [J]. 中国人口·资源与环境，2015, 25(7):62-67.

[49] 李媛，马维. 对外直接投资区位选择——理论与模型 [J]. 商业研究，2006(12):10-13.

[50] 李源泉. 基于 PEST 模型的我国跨国并购研究 [J]. 中国经贸导刊，2012(29):27-28.

[51] 梁达华，成艾国. 世界汽车发展趋势与我国汽车产业发展战略

[J]. 机电产品开发与创新 , 2005, 18(6):12-13.

[52] 梁琦 . 关于我国优势产业国际化的思考 [J]. 开发研究 , 2009, 143(4):59-62.

[53] 林季红 . 汽车业跨国公司的全球竞争态势 [J]. 南开管理评论 , 2004, 7(4):51-57.

[54] 凌丹 , 赵春丽 . 政府在企业对外直接投资中的职能作用及实现途径 [J]. 经济纵横 , 2002(6):43-46.

[55] 刘洪德 , 刘希宋 . 技术进步在促进中国汽车工业发展中的作用探析 [J]. 中国软科学 , 2003(7):95-101.

[56] 刘化柱 . 中国企业对外直接投资风险分析及对策 [J]. 时代金融旬刊 , 2012(20):64-64.

[57] 刘建丽 . 战略因素影响下的企业海外市场进入模式选择 [J]. 经济管理 , 2009(1):80-85.

[58] 刘世锦 , 冯飞 . 汽车产业全球化趋势及其对中国汽车产业发展的影响 [J]. 中国工业经济 , 2002(6):5-12.

[59] 刘松柏 . 企业国际化 : 中国企业面临的挑战 [J]. 北京社会科学 , 2003(1):112-118.

[60] 刘晓宁 . 企业国际市场进入模式选择研究现状述评 [J]. 工业技术经济 , 2006, 25(10):98-102.

[61] 刘颖琦 , 吕文栋 , 李海升 . 钻石理论的演变及其应用 [J]. 中国软科学 , 2003(10):139-144.

[62] 刘志彪 . 科技银行功能构建 : 商业银行支持战略性新兴产业发展的关键问题研究 [J]. 南京社会科学 , 2011(4):1-7.

[63] 苗青 , 葛宝山 , 朴英兰 . 中国汽车行业外向型国际化战略特点研究 [J]. 商场现代化 , 2006, x(33):13-14.

[64] 綦建红 , 杨春艳 . 发展中国家跨国投资理论及其对我国的启示 [J]. 山东社会科学 , 2005(9):52-55.

[65] 钱伯章. 轮胎工业的可持续发展之路 [J]. 橡胶科技, 2007, 5(8):4−9.

[66] 沈鲸. 中国中小企业国际市场进入模式选择研究 [J]. 改革与战略, 2010, 26(11):152−155.

[67] 施永兵. 中国自主品牌汽车国际化经营困境及路径选择 [J]. 商业经济, 2014(12):4−5.

[68] 孙宝文, 涂艳, 王天梅, 等. 企业战略柔性关键影响因素实证研究 [J]. 中国软科学, 2010(12):132−144.

[69] 孙志毅, 乔传福. 我国制造业企业国际化战略模式选择探析 [J]. 中国软科学, 2004(8):102−108.

[70] 田泽. 我国企业对外直接投资的理论创新 [J]. 现代经济探讨, 2008(10):25−29.

[71] 王保林. 发展中国家汽车产业发展的一种模式 [J]. 中国软科学, 2008(4):23−32.

[72] 王常友. 2009—2010 年乘用车市场分析及预测 [J]. 上海汽车, 2010(4):59−62.

[73] 王江, 王娟. 服务型企业国际市场进入模式及其影响因素探析 [J]. 现代财经 − 天津财经大学学报, 2007,27(3):67−71.

[74] 王娇. 中国汽车企业海外并购的原因及存在的问题分析 [J]. 对外经贸, 2011(1):44−46.

[75] 王洁. 国际市场进入模式选择的影响因素分析 [J]. 现代经济: 现代物业中旬刊, 2010, 09(6):50−51.

[76] 王军, 高国威, 刘育明. 发展中国家对外直接投资的成功经验及其对中国的启示 [J]. 世界地理研究, 2003, 12(1):23−29.

[77] 魏林, 汪五一. 中国企业对外直接投资的关键风险识别 [J]. 商业时代, 2010(3):55−57.

[78] 魏新强, 张宝生, 黎晓奇. 基于企业战略有效制定的 SWOT 方

法思考 [J]. 技术经济与管理研究 , 2013(4):55-59.

[79] 吴松泉 , 武守喜 , 马胜 . 汽车行业对外投资问题研究 [J]. 汽车工业研究 , 2012(12):19-22.

[80] 肖光恩 . 国际直接投资区位选择理论发展的新趋势 [J]. 亚太经济 , 2009(2):10-14.

[81] 肖盈 , 余珊 . 进入模式理论视角下的跨国企业 FDI 选择 [J]. 商业时代 , 2009(15):32-33.

[82] 谢光亚 , 振佳 . 中国汽车制造业国际竞争力研究 [J]. 北京工商大学学报 (社会科学版), 2009, 24(4):122-126.

[83] 徐充 , 姜威 . 日本汽车产业的发展及其对我国的启示 [J]. 现代日本经济 , 2007, 153(3):50-55.

[84] 许晖 , 余娟 . 企业国际化经营中关键风险的识别研究 [J]. 南开管理评论 , 2007, 10(4):92-97.

[85] 许晖 , 邹慧敏 . 基于股权结构的跨国经营中关键风险识别、测度与治理机制研究 [J]. 管理学报 , 2009, 6(5):684-691.

[86] 许晖 . 跨国公司拓展国际市场战略模式研究及其启示 [J]. 生产力研究 , 2003(6):164-166.

[87] 薛求知 , 朱吉庆 . 中国对外直接投资与 "走出去" 战略 : 理论基础与经验分析 [J]. 复旦学报 (社会科学版), 2008(1):23-31.

[88] 颜银根 . FDI 区位选择 : 市场潜能、地理集聚与同源国效应 [J]. 财贸经济 , 2014, 35(9):103-113.

[89] 杨大楷 , 应溶 . 我国企业 FDI 的区位选择分析 [J]. 世界经济研究 , 2003(1):25-28.

[90] 杨艳萍 . 风险投资的风险识别、评估与控制分析 [J]. 经济师 , 2003(7):34-35.

[91] 杨怡爽 , 赵果庆 . 空间集聚、FDI 溢出与中国汽车制造业发展 [J]. 经济与管理研究 , 2014(4):91-98.

[92] 杨瑛 . 中国汽车企业国际化成长动因研究——以吉利收购沃尔沃为例 [J]. 商场现代化 , 2010(5):25-26.

[93] 杨勇 . 基于层次分析法的企业战略评价模型的研究 [J]. 淮海工学院学报 . 自然科学版 , 2005, 14(4):80-83.

[94] 余国杰 , 刘伟 . 我国企业对外直接投资的风险及其防范 [J]. 江汉论坛 , 2000(5):41-43.

[95] 张江湖 . 全球汽车工业扫描 [J]. 中国科技财富 , 2005(3):38-45.

[96] 张娟 . 国际直接投资区位理论综述 [J]. 经济纵横 , 2006(8):77-79.

[97] 张小峰 . 跨国公司直接投资区位因素及区位选择变化趋势探讨 [J]. 现代财经 - 天津财经大学学报 , 2008, 28(7):24-27.

[98] 张旭明 . 汽车企业实施 5S 管理方法研究 [J]. 汽车工业研究 , 2011(2):45-48.

[99] 张一弛 , 欧怡 . 企业国际化的市场进入模式研究述评 [J]. 经济科学 , 2001, 23(4):11-19.

[100] 张占斌 . 国际汽车产业模式比较与中国发展路径选择 [J]. 产业经济研究 , 2003(5):28-34.

[101] 赵芳 . 各国政府汽车产业发展政策评析 [J]. 宏观经济研究 , 2004(9):18-20.

[102] 赵福全 , 刘宗巍 , 王悦 . 中国车企海外发展战略 [J]. 中国机械工程 , 2016, 27(12):1683-1688.

[103] 赵树宽 , 巩顺龙 , 卢艳秋 . 从世界汽车产业发展趋势看我国汽车产业的发展 [J]. 中国软科学 , 2003(8):8-12.

[104] 郑立明 . 企业战略理论的演进概述 [J]. 特区经济 , 2008(6):280-282.

[105] 周晓冬 . 中国汽车企业海外投资现状及风险分析 [J]. 中国国际财经 (中英文), 2016(20):12-14.

[106] 朱帅. 我国汽车产业如何迎接国际化新阶段 [J]. 中国工业评论, 2017(7):80−86.

[107]Dunning J H.Trade,Location of Economic Activity and the MNE: A Search for an Eclectic Approach.The International Allocation of Economic Activity[J]. Palgrave Macmillan UK,1977,1(12)：395−418.

[108]Hymer S H. The International Operations of National Firms: A Study of Direct Foreign Investment[J]. Journal of Political Economy,1977,85(5)：387−400.

[109]Wells L T.Third World Multinationals: The Rise of Foreign Direct Investment from Developing Countries[J]. MIT Press,1983,61(5)：1196.

[110]Ahmadjian C L, Lincoln J R. Keiretsu, Governance, and Learning: Case Studies in Change from the Japanese Automotive Industry[J]. Organization Science, 2001, 12(6):683−701.

[111]Amighini A A, Franco C. A sector perspective on Chinese outward FDI: The automotive case[J]. China Economic Review, 2013, 27(27):148−161.

[112]Amighini A A, Rabellotti R, Sanfilippo M. Do Chinese state−owned and private enterprises differ in their internationalization strategies? [J]. China Economic Review, 2013, 27(4):312−325.

[113]Amighini A A. China and India in the international fragmentation of automobile production[J]. China Economic Review, 2012, 23(2):325−341.

[114]Anderson E, Gatignon H. Modes of Foreign Entry: A Transaction Cost Analysis and Propositions[J]. Journal of International Business Studies, 1986, 17(3):1−26.

[115]Berning S C, Holtbr ü gge D. Chinese outward foreign direct investment—a challenge for traditional internationalization theories? [J]. Journal F ü r Betriebswirtschaft, 2012, 62(3−4):169−224.

[116]Brouthers K D, Brouthers L E, Werner S. Dunning's eclectic theory and the smaller firm: The impact of ownership and locational advantages on the choice of entry-modes in the computer software industry[J]. International Business Review, 1996, 5(4):377-394.

[117]Brouthers K D, Brouthers L E. Acquisition or greenfield start-up? Institutional, cultural and transaction cost influences[J]. Strategic Management Journal, 2000, 21(1):89-97.

[118]Brouthers K D, Nakos G. SME Entry Mode Choice and Performance: A Transaction Cost Perspective[J]. Entrepreneurship Theory & Practice, 2004, 28(3):229-247.

[119]Brouthers K D. The influence of international risk on entry mode strategy in the computer software industry[J]. Gablerverlag, 1995, 35(1):7-28.

[120]Buckley P J, Clegg J, Zheng P, et al. The impact of foreign direct investment on the productivity of China's automotive industry[J]. Management International Review, 2007, 47(5):707-724.

[121]Cantwell J, P E Tolentino. Technological Accumulation and Third World Multinationals[J]. International Investment and Business Studies, 1990:139.

[122]Contreras O F, Carrillo J, Alonso J. Local Entrepreneurship within Global Value Chains: A Case Study in the Mexican Automotive Industry[J]. World Development, 2012, 40(5):1013-1023.

[123]Davis P S, Desai A B, Francis J D. Mode of International Entry: An Isomorphism Perspective[J]. Journal of International Business Studies, 2000, 31(2):239-258.

[124]Deng P. Investing for strategic resources and its rationale: The case of outward FDI from Chinese companies[J]. Business Horizons, 2007, 50(1):71-81.

[125]Deng P. Why do Chinese firms tend to acquire strategic assets in international expansion? [J]. Journal of World Business, 2009, 44(1):74−84.

[126]Dong B, Guo G. A model of China's export strengthening outward FDI ☆ [J]. China Economic Review, 2013, 27:208−226.

[127]Dunning J H. Explaining the international direct investment position of countries: Towards a dynamic or developmental approach[J]. Weltwirtschaftliches Archiv, 1981, 117(1):30−64.

[128]Dunning J H. The ecletic (OLI) paradigm of international production: Past, present and future[J]. International Journal of the Economics of Business, 2001, 8(2):173−190.

[129]Dunning J H. Toward an Eclectic Theory of International Production: Some Empirical Tests[J]. Journal of International Business Studies, 1980, 22(3):1−3.

[130]Eisenhardt K M, Brown S L. Competing on the edge: Strategy as structured chaos[J]. Long Range Planning, 1998, 31(5):786−789.

[131]Erramilli M K, Rao C P. Service Firms' International Entry−Mode Choice: A Modified Transaction−Cost Analysis Approach[J]. Journal of Marketing, 1993, 57(3):19−38.

[132]Figlio D N, Blonigen B A. The Effects of Foreign Direct Investment on Local Communities[J]. Journal of Urban Economics, 2000, 48(2):338−363.

[133]Gan L. Globalization of the automobile industry in China: dynamics and barriers in greening of the road transportation[J]. Energy Policy, 2003, 31(6):537−551.

[134]He X, Mu Q. How Chinese firms learn technology from transnational corporations: A comparison of the telecommunication and automobile industries[J]. Journal of Asian Economics, 2012, 23(3):270−287.

[135]Head K, Ries J. Overseas Investment and Firm Exports[J]. Review of International Economics, 2001, 9(1):108−122.

[136]Hennart J F. The Transaction Costs Theory of Joint Ventures: An Empirical Study of Japanese Subsidiaries in The United States[J]. Management Science, 1991, 37(4):483−497.

[137]Hennart J F. Upstream vertical integration in the aluminum and tin industries: A comparative study of the choice between market and intrafirm coordination[J]. Journal of Economic Behavior & Organization, 1988, 9(3):281−299.

[138]Hoskisson R E, Hitt M A. Antecedents and Performance Outcomes of Diversification: A Review and Critique of Theoretical Perspectives[J]. Journal of Management, 1990, 16(2):461−509.

[139]Kaufmann L, Jentzsch A. Internationalization Processes: The Case of Automotive Suppliers in China[J]. Journal of International Marketing, 2006, 14(2):52−84.

[140]Kim W C, Hwang P. Global Strategy and Multinationals' Entry Mode Choice[J]. Journal of International Business Studies, 1992, 23(1):29−53.

[141]Kling G, Weitzel U. The internationalization of Chinese companies: Firm characteristics, industry effects and corporate governance[J]. Research in International Business & Finance, 2011, 25(3):357−372.

[142]Knickerbocker F T. Oligopolistic reaction and multinational enterprise[J]. Thunderbird International Business Review, 1973, 15(2):7−9.

[143]Kobrin S J, Buckley P J, Casson M. The Future of Multinational Enterprise[J]. Journal of Marketing, 1976, 41(4):137.

[144]Lall S. The rise of multinationals from the third world[J]. Third World Quarterly, 1983, 5(3):618−626.

[145]Larimo J. The foreign direct investment decision process: Case

studies of different types of decision processes in finnish firms[J]. Journal of Business Research, 1995, 33(1):25−55.

[146]Luo Y, Xue Q, Han B. How emerging market governments promote outward FDI: Experience from China [J]. Journal of World Business, 2010, 45(1):68−79.

[147]MarieClaude BelisBergouignan, Gerard Bordenave, Yannick Lung. Global Strategies in the Automobile Industry[J]. Regional Studies, 2000, 34(1):41−53.

[148]Mathews J A. Dragon Multinational[J]. Social Sciences, 2014.

[149]Miller K D. A Framework for Integrated Risk Management in International Business[J]. Journal of International Business Studies, 1992, 23(2):311−331.

[150]Pfaffmann E, Stephan M. How Germany Wins out in the Battle for Foreign Direct Investment: Strategies of Multinational Suppliers in the Car Industry[J]. Long Range Planning, 2001, 34(3):335−355.

[151]Porter M E. Competitive Strategy: Techniques for Analyzing Industries and Competitors[J]. Social Science Electronic Publishing, 1980(2):86−87.

[152]Ramasamy B, Yeung M, Laforet S. China's outward foreign direct investment: Location choice and firm ownership[J]. Journal of World Business, 2012, 47(1):17−25.

[153]Robles F, El−Ansary A, Root F R. Entry Strategies for International Markets[J]. Journal of Marketing, 1994, 52(4):128.

[154]Ruochen Zeng, Saixing Zeng, Xuemei Xie, et al. What motivates firms from emerging economies to go internationalization? [J]. Technological & Economic Development of Economy, 2012, 18(2):280−298.

[155]Shimizu K, Hitt M A, Vaidyanath D, et al. Theoretical foundations

of cross-border mergers and acquisitions: A review of current research and recommendations for the future[J]. Journal of International Management, 2004, 10(3):307-353.

[156]Sun Q, Tong W, Yu Q. Determinants of foreign direct investment across China[J]. Journal of International Money & Finance, 2002, 21(1):79-113.

[157]Vernon R. International Investment and International Trade in The Product Cycle[J]. International Economics Policies & Their Theoretical Foundations, 1982, 8(4):307-324.

[158]Wang C, Wen Y, Han F. Study on China's outward FDI[J]. Procedia Environmental Sciences, 2012, 12(Part A):543-549.

[159]Wang L L, Fang B, Aybar C B, et al. Changing Dynamics of Foreign Direct Investment in China's Automotive Industry[J]. Emaj Emerging Markets Journal, 2013, 3(2):69-96.

[160]Xiaohua Lin, Carlyle Farrell. The Internationalization Strategies of Chinese State and Private Sector Enterprises in Africa[J]. Journal of African Business, 2013, 14(2):85-95.

电子文献

[1] 德勤汽车行业服务组. 整车企业收入和成本现状研究白皮书 [R/OL]. 2014. https://www2.deloitte.com/cn/zh/pages/manufacturing/articles/benchmark-research-on-revenue-cost-automotive-oem-china.html

[2] 尼尔森. 2016 年全球和中国汽车消费需求趋势白皮书 [R/OL]. 2016.

http://www.lifestyletrack.com/cn/zh/insights/news/2016/nielsen-releases-2016-global-and-china-vehicle-consumption-trend-white-paper.html

[3] 前瞻产业研究院. 汽车整车制造行业分析报告 [R/OL]. 2016.

http://www.sohu.com/a/165336660_114835

[4] 中国汽车工业协会行业信息部 . 2017 年汽车工业经济运行情况 [EB/OL]. 2018. http://www.caam.org.cn/xiehuidongtai/20180111/1605214622.html

[5] 中国机电产品进出口商会 . 境外合作区地图 [EB/OL]. 2017.

http://www.cocz.org/index.aspx

[6] 中国商务部投资促进事务局 , 德勤 . 汽车产业投资促进报告 2014[R/OL]. https://www2.deloitte.com/cn/zh/pages/manufacturing/articles/2014-automotive-industry-investment-promotion-report，html2015.

[7] 中华人民共和国商务部 . 商务部国家统计局国家外汇管理局关于印发《对外直接投资统计制度》的通知 [EB/OL]. 2017.

http://www.mofcom.gov.cn/article/b/g/201703/20170302540271.shtml

[8] 中华人民共和国工业和信息化部 . 2016 年钢铁行业运行情况和 2017 年展望 [EB/OL]. 2017.

http://www.miit.gov.cn/n1146285/n1146352/n3054355/n3057569/n3057572/c5505058/content.html

[9] 中华人民共和国国家统计局 . 中华人民共和国 2017 年国民经济和社会发展统计公报 [EB/OL]. 2018.

http://www.stats.gov.cn/tjsj/zxfb/201802/t20180228_1585631.html

[10] 中华人民共和国国家统计局 . 中华人民共和国 2016 年国民经济和社会发展统计公报 [EB/OL]. 2017.

http://www.stats.gov.cn/tjsj/zxfb/201702/t20170228_1467424.html